Waffel Rezepte

Das Rezeptbuch mit den leckersten und abwechslungsreichsten Waffelrezepten von süß bis herzhaft

Anne-Marie Schmieder

Email: info@edition-lunerion.de
www.edition-lunerion.de

Psiana eCom UG
Berumer Str. 44
26844 Jemgum

Vorwort

Es gibt Waffeln! Mit dieser Ankündigung locken Sie Groß und Klein in Windeseile an den Tisch und spätestens, wenn der köstliche Duft frisch gebackener Waffeln aus der Küche wabert, kann kein Leckermaul mehr widerstehen. Als köstliche Nascherei sind die geriffelten Gebäcke längst beliebte Klassiker, aber tatsächlich kann die Waffel noch viel mehr: Ob pikantes Hauptgericht, raffinierte Nachspeise, herzhafter Picknicksnack oder gesundes Frühstück – Ihr Waffeleisen ist treuer Verbündeter in sämtlichen Ernährungslagen!

Snacks und Süßspeisen zaubern Sie ebenso unkompliziert wie eine vollwertige Abendmahlzeit, denn längst gibt es allerhand Rezepte für pikante, vegane, leichte, herzhafte, süße, gemüsige und gesunde Waffeln.

Worauf Sie bei Anschaffung, Reinigung, Teigrühren & Backen achten müssen und wie Sie in Windeseile zum Waffelvirtuosen werden, das zeigt Ihnen nun dieses vielfältige Kochbuch. Also überlassen Sie dem Waffeleisen die Hauptrolle in der Küche und freuen Sie sich auf Köstlichkeiten wie Pizzawaffeln, Rotwein-Waffeln oder Joghurt-Erdbeer-Waffeln!

Guten Appetit!

INHALT

Waffel-Wissen 1

Passendes Zubehör zum Waffelbacken 2
Waffeln richtig zubereiten 4
Tipps rund um das Waffelbacken 5
Die Waffel als Multitalent 6

Frühstückswaffeln 7

Omelett-Waffeln 8
Haferflocken-Waffeln 9
Milchreis-Waffeln 10
Waffeln mit Blaubeer-Sauce 11
Mohn-Waffeln mit Ahornsirup 12
Dinkel-Bananen-Waffeln 13
Süsse Karotten-Zucchini-Waffeln 14
Schoko-Bananen-Waffeln 15
Käse-Speck-Waffeln 16
Dinkel-Apfel-Waffel mit Zimt 17
Appenzeller-Waffeln mit Schinken 18
Kräuter-Käse-Waffeln 19
Haferflocken-Vollkorn-Waffeln 20
Quark-Joghurt-Waffeln 21
Kefir-Waffeln 22

Herzhafte Waffeln 23

Waffeln mit geräuchertem Lachs 24
Röstzwiebel-Waffeln 25
Pizza-Waffeln 26
Käse-Waffeln mit Gartenkräutern 27
Rinderhack-Waffeln 28
Käse-Salami-Waffeln 29
Parmesan-Speck-Waffeln 30

Zwiebel-Speck-Waffeln *31*
Frittata-Waffeln *32*
Kartoffel-Waffeln mit Käse *33*
Avocado-Waffeln *34*
Möhren-Brokkoli-Waffeln *35*
Chili-Waffeln mit Salami und Käse *36*
Curry-Frischkäse-Waffeln *37*
Erbsen-Waffeln mit Speck *38*
Zucchini-Feta-Käse Waffeln *39*
Käse-Kartoffel-Waffeln *40*

Vegetarische Waffeln 41

Käse-Waffeln *42*
Fetakäse-Kürbis-Waffeln *43*
Mais-Waffeln *44*
Paprika-Waffeln *45*
Pastinaken-Waffeln *46*
Zucchini-Petersilien-Waffeln *47*
Rote-Bete-Waffeln *48*
Spinat-Waffeln *49*
Süsskartoffel-Waffeln *50*
Tomaten-Waffeln *51*
Mozzarella-Tomaten-Waffeln *52*
Kohlrabi-Waffeln *53*
Veggie-Waffeln mit Bergkäse *54*
Basilikum-Edelpilzkäse-Waffeln *55*

Vegane Waffeln 56

Einfache Haferflocken-Waffeln *57*
Hefe-Waffeln *58*
Mandel-Waffeln *59*
Schokoladen-Waffeln *60*
Vollkorn-Waffeln *61*
Orangen-Waffeln *62*

Belgische Bananen-Waffeln *63*
Dinkel-Kürbis-Waffeln *64*
Joghurt-Waffeln *65*
Lütticher-Waffeln *66*
Haselnuss-Waffeln *67*
Bananen-Waffeln *68*

Süße Waffeln 69

Joghurt-Vanille-Waffeln *70*
Zimt-Butter-Waffeln *71*
Buttermilch-Schoko-Waffeln *72*
Marzipan-Waffeln *73*
Zitronen-Heidelbeer-Waffeln *74*
Sahne-Waffeln *75*
Stracciatella-Waffeln *76*
Bergische Waffeln *77*
Sahnige Blaubeer-Waffeln *78*
Joghurt-Erdbeer-Waffeln *79*
Honig-Waffeln *80*
Lebkuchen-Waffeln *81*
Mango-Waffeln *82*
Nougat-Waffeln *83*
Sand-Waffeln *84*
Spekulatius-Waffeln *85*

Nussige Waffeln 86

Nussige Frischkäse-Waffeln *87*
Kokosnuss-Waffeln *88*
Haselnuss-Waffeln *89*
Mandel-Waffeln *90*
Erdnussbutter-Waffeln *91*

Spezielle Waffeln 92

Rotwein-Waffeln 93
Quinoa-Waffeln mit Banane 94
Orientalische Waffeln 95
Paleo-Waffeln 96
Weisswein-Waffeln 97
Oreo-Waffeln 98
Sojamilch-Waffeln 99
Funetti-Waffeln 100
Fitness-Waffeln 101
Protein-Waffeln 102
Französische Waffeln 103

Bonus-Kapitel: Verschiedene Beilagen 104

Pflaumen-Sauerkirsch-Kompott 105
Kirsch-Kompott 106
Sesam-Dip 107
Orangen-Himbeer-Grütze 108
Bratapfel-Kompott 109
Joghurt-Schnittlauch-Dip 110
Tomaten-Konfitüre 111
Basilikum-Avocado-Dip 112
Klassische Rote Grütze 113
Erdbeer-Sahne 114
Punsch-Kirschen 115

Waffel-Wissen

Schon früher, zu Ur-Omas Zeiten, waren Waffeln stets ein Highlight, wenn sie dann mal auf den Tisch kamen, denn damals hatte das Backen eher was mit echter Knochenarbeit zu tun. Ein enorm schweres Eisen musste erst einmal über dem Feuer zum Glühen gebracht werden, was durchaus eine Kraftprobe werden konnte. Zudem galt es dann auch noch, den richtigen Zeitpunkt abzupassen, denn ein Thermometer gab es damals nicht. War das Waffeleisen dann zu heiß oder auch zu kalt, konnte es schnell mal passieren, dass die Waffel am Ende nicht auf dem Teller landete, sondern im Schweinetrog.

Inzwischen ist das Waffelbacken dank moderner Elektrogeräte keine große Kunst mehr, denn die Temperatur bleibt jederzeit konstant und kann bei Bedarf geregelt werden. Somit kommt es eher selten vor, dass Waffeln verbrennen. Heute gibt es außerdem Waffeleisen mit unterschiedlichen Waffelformen sowie äußerst praktische Kombi-Geräte, mit denen sich nicht nur Waffeln herstellen lassen, sondern ebenso Donuts oder leckere Sandwiches. Wer besonders schnell in den Genuss einer schmackhaften Waffel kommen möchte, nutzt außerdem gerne spezielle Formen für die Mikrowelle. Diese Variante bedarf allerdings ein wenig Übung, denn hier hängt das Ganze stark von der Leistung der Mikrowelle ab. Zumal die Waffeln hier nicht so knusprig werden wie in einem Waffeleisen.

PASSENDES ZUBEHÖR ZUM WAFFELBACKEN

Damit das Waffelbacken unkompliziert vonstattengehen kann, sind ein paar Küchenutensilien vonnöten. Eine **Küchenwaage** ist in diesem Fall sogar wichtig, um alle Zutaten, die für den Waffelteig benötigt werden, richtig abmessen zu können. Ob es sich hierbei um eine manuelle oder um eine elektrische Waage handelt, ist hingegen egal. Allerdings sind elektrische Modelle um einiges genauer. Neben der Küchenwaage ist ebenso ein **Handmixer** bei der Waffelzubereitung hilfreich, denn mit diesem Gerät lassen sich sämtliche Zutaten zügig verrühren und es entsteht innerhalb kurzer Zeit ein glatter Waffelteig ohne Klumpen. Mit dem Rührbesen würde das Ganze weitaus länger dauern und in der Regel wird der Teig dann nicht ganz so geschmeidig.

Ebenso vonnöten ist natürlich eine ausreichend große **Rührschüssel**. Einige Küchenwaagen bringen diese gleich mit, aber in der Regel finden sich in den meisten Küchen ja ohnehin genügend Rührschüsseln in unterschiedlichen Größen. Gleiches gilt wahrscheinlich auch für eine **Schöpfkelle**, denn diese werden Sie brauchen, um die richtige Portion Waffelteig auf das Waffeleisen zu geben. Zu guter Letzt ist natürlich ein **Waffeleisen** nötig, um die leckeren Waffeln zubereiten zu können. Im Handel finden sich inzwischen viele verschiedene Modelle.

Folgende Waffeleisen gibt es heute auf dem Markt:

1. Kombi-Geräte

Kombi-Geräte sind nicht nur allein in der Lage, Waffeln herzustellen, denn ebenso können diese Geräte zur Zubereitung von Sandwiches oder Donuts genutzt werden. Einige Modelle bringen noch zusätzlich eine Grillfunktion mit. Die Einsätze in diesen Geräten können oftmals nach Bedarf ausgetauscht werden, sodass solche Kombi-Geräte flexibel einsetzbar sind. Diese Geräte sind zwar häufig etwas teurer in der Anschaffung, aber man spart Platz in der Küche.

2. Waffeleisen für belgische Waffeln

Diese Waffeleisen stellen eckige Waffeln her. Im Vergleich zu Waffeln in Herzchen-Form sind diese Waffeln außerdem viel dicker und nicht selten benötigt man für die Zubereitung dieser schmackhaften Waffeln einen speziellen Waffelteig, damit diese gelingen.

3. Klassisches Waffeleisen

Das klassische Waffeleisen, welches sich meist in jeder Küche findet, bringt je nach Preis unterschiedliche Ausstattungsmerkmale mit. So haben Sie hier beim Kauf die Wahl zwischen unterschiedlichen Motiven. Meist verfügen diese Waffeleisen ebenso über eine Temperaturregelung sowie über einen Timer, wobei einige Modelle noch weitere Technik aufweisen, die das Waffelzubereiten erleichtern sollen.

4. Waffelautomat

Waffelautomaten bringen häufig die Möglichkeit mit, aus verschiedenen Einsätzen frei zu wählen. Vor allem der Nachwuchs findet das natürlich toll. Zudem verfügen Waffelautomaten stets über Temperaturregler, sodass diese automatisch angepasst wird. Waffeln aus solch einem Gerät können in der Regel nicht verbrennen, denn hier denkt die Technik mit.

Beim Kauf eines Waffeleisens, vor allem, wenn es sich um ein ganz „normales“ Gerät handelt, ist es im Grunde wichtig, dass dieses eine **gute Beschichtung** mitbringt, denn auf diese Weise wird ein Anbrennen verhindert. Lediglich bei der Reinigung des Gerätes sollten Sie etwas vorsichtig sein, denn schon kleinste Kratzer in der Beschichtung können dafür sorgen, dass sich kleine Partikel lösen, die dann beim Backen in die Waffel geraten.

WAFFELN RICHTIG ZUBEREITEN

Ein wenig Zeit nimmt natürlich auch das Waffelbacken in Anspruch. So ist der Teig zwar in der Regel recht zügig hergestellt, sollte aber nicht immer sofort im Waffeleisen ausgebacken werden. So mancher Waffelteig möchte vorab noch eine halbe Stunde ruhen.

Pro Waffel benötigt das Ausbacken meist zwischen acht und zehn Minuten. Wer da eine ganze Familie mit leckeren Waffeln versorgen möchte, kann schnell mal eine Stunde Zeit an seinem Waffeleisen verbringen. Zumal es zahlreiche verschiedene Waffelvarianten gibt, die unter Umständen sogar ein wenig mehr Zeit in Anspruch nehmen. Sollten Sie ganz normale Waffeln zu backen, achten Sie darauf, dass sich der Teig beim Schließen des Waffeleisens auch tatsächlich gut verteilt. Meist reicht es völlig, eine kleine Schöpfkelle voll Teig in die Mitte des Eisens zu geben.

Beim Backen geht die Waffel auf und der Deckel des Waffeleisens hebt sich meist ein wenig. Diesen sollten Sie nicht einfach wieder herunterdrücken, denn das macht die Waffel klebrig. Zeigt die Waffel hingegen eine schöne goldgelbe Färbung, ist diese fertig und kann zum Auskühlen auf ein Küchengitter gelegt werden.

TIPPS RUND UM DAS WAFFELBACKEN

Im Grunde ist das Zubereiten eines Waffelteiges keine allzu große Kunst. Sogar Kinder kriegen dies häufig problemlos hin, wenn die Eltern ein paar hilfreiche Tipps geben. Wer allerdings besonders fluffige Waffeln herstellen möchte, sollte den Waffelteig ordentlich mit dem Handmixer bearbeiten, denn auf diese Weise kommt Luft in den Teig. Ebenso hilfreich kann in diesem Fall das Unterheben von Eischnee oder geschlagener Sahne sein, allerdings sollten Sie beides lediglich mit einem Schneebesen oder Löffel und mit Vorsicht unter den Waffelteig heben und nicht wild einrühren, denn das sorgt dafür, dass die Luft aus dem Schaum wieder entfernt wird, was wiederum dazu führt, dass der Waffelteig in sich zusammenfällt. Fluffig zeigt sich dann keine Waffel mehr.

Gerade bei Waffeln gilt: Erlaubt ist, was schmeckt! Demnach können Sie sich bei der Zubereitung des Waffelteigs nach Herzenslust austoben. Ob es sich hier um süße oder herzhafte Varianten handelt, spielt eher eine untergeordnete Rolle, denn in der Regel lässt sich hier alles kombinieren, wenn es denn am Ende schmeckt.

Lediglich Gemüsesorten, die eine gewisse Härte mitbringen, sollten Sie im Vorfeld besser kochen, denn wegen der kurzen Backzeit im Waffeleisen ist ein Garungsprozess kaum möglich. Demnach sollten Sie Auberginen, Karotten und Ähnliches entweder vorgaren oder aber das Gemüse vorab sehr fein raspeln. Ohnehin muss die Konsistenz bei Gemüsewaffeln nicht zwingend cremig sein. Hier darf der Waffelteig ruhig ein wenig fester ausfallen, denn ansonsten würden die fertig gebackenen Waffeln im Nu auseinander fallen.

Wie lange die Waffel hingegen im Waffeleisen bleiben muss, hängt stets von der Dicke des Waffelteigs ab. In den meisten Teigarten kommt stets Backpulver zum Einsatz, das heißt, die Waffeln gehen mit diesem Treibmittel ohnehin auf und der Deckel des Eisens hebt sich automatisch.

DIE WAFFEL ALS MULTITALENT

Eine Waffel kann durchaus, wie Sie sehen werden, als Multitalent bezeichnet werden. Kleine sowie große Portionen, vegetarische sowie vegane, Frühstücks- oder herzhafte Waffeln lassen sich in kurzer Zeit zubereiten.

Wer eine recht große Familie zu verköstigen hat, tut gut daran, sich größere Waffeleisen-Modelle anzuschaffen, denn auf diese Weise geht das Ausbacken ein wenig schneller von der Hand. Vor allem, wenn kleine Kinder mit an Bord sind, kann es bekanntlich mit dem Waffelbacken nicht schnell genug gehen. Besonders, da es Waffeln heute nicht mehr nur zum Nachmittagskaffee geben muss, denn auch die deftigeren Varianten zu Mittag- oder Abendessen kommen bei Groß und Klein stets gut an.

Zahlreiche Waffel-Kreationen lassen sich außerdem auch problemlos einfrieren, sodass ein Griff ins Gefrierfach jederzeit für eine Leckerei sorgen kann. Die Waffeln müssen dann nur noch kurz im Backofen aufgebacken werden und schon ist der Snack für den Verzehr bereit. Ob mit Eis, Schlagsahne, Dip, Früchten oder Kompott – auch hier gilt: Erlaubt ist, was schmeckt.

Und noch ein letzter Tipp, bevor es ans Eingemachte geht: Warme Waffeln sich auch einfach in eine süße Eistüte verwandeln. Die noch warme Waffel einfach um ein Nudelholz oder einen großen Kochlöffel legen, und schon nimmt die Waffel die gerundete Form an. Die Waffeltüten können jetzt mit allerlei Leckereien, wie Eis, Sahne und Ähnliches, gefüllt werden. Vor allem der Nachwuchs wird diese etwas andere Art der Waffel bestimmt lieben.

Frühstückswaffeln

OMELETT-WAFFELN

4 Port.

30 Min.

Mittel

Zutaten

200 g Emmentaler (gerieben)
8 Eier
200 g Kochschinken
1 Tomate
1 Schluck Milch
2 Prisen Pfeffer
2 Prisen Salz

Nährwerte p. P.

363 kcal
3 g Kohlenhydrate
25 g Fett
33 g Eiweiß

1 Den Kochschinken in kleine Würfel zerteilen und diese dann mit den Eiern und dem Emmentaler verrühren.

2 Jetzt die Tomate kurz abbrausen und auch diese in Würfel teilen. Die Tomatenwürfel unter den Teig heben.

3 Zum Schluss noch einen Schluck Milch einrühren und das Ganze mit Pfeffer sowie Salz würzen.

4 Das Waffeleisen muss jetzt nur noch auf Temperatur gebracht werden und schon kann der Teig zu leckeren Waffeln ausgebacken werden.

HAFERFLOCKEN-WAFFELN

3 Port. 15 Min. Einfach

Zutaten

110 ml Milch
120 g Dinkelmehl
80 g Haferflocken (zart)
2 Eier
70 g Zucker
4 g Zitronenabrieb
1 Teelöffel Backpulver
Ein halbes Päckchen Vanillezucker
1 Prise Salz

Nährwerte p. P.

604 kcal
104 g Kohlenhydrate
11 g Fett
19 g Eiweiß

1 Zuerst das Waffeleisen anstellen, damit dieses Zeit hat, aufzuheizen.

2 Danach sämtliche Zutaten in eine Schüssel geben und das Ganze mit einem Handmixer gut durchrühren.

3 Jetzt den Waffelteig portionsweise ausbacken und die Haferflocken-Frühstückswaffeln noch warm verzehren.

MILCHREIS-WAFFELN

 4 Port.
 30 Min.
 Einfach

Zutaten

500 g Milchreis (fertig zubereitet)
100 ml Milch
3 Eier
1 Päckchen Vanillezucker
75 g Weizenmehl
50 g Zucker
1 Prise Salz
1 Teelöffel Zimt
1 Teelöffel Backpulver

Nährwerte p. P.

623 kcal
127 g Kohlenhydrate
6 g Fett
15 g Eiweiß

1 Den zuvor zubereiteten Milchreis etwas abkühlen lassen und mit 100 Milliliter Milch verdünnen. Dann die Eier unter diesen mischen.

2 Jetzt den Zimt, das Backpulver sowie das Weizenmehl zufügen und alles erneut gut verrühren.

3 Danach noch den Vanillezucker, die Prise Salz und den Zucker zugeben.

4 Zum Schluss das Waffeleisen in Betrieb nehmen und leckere Milchreis-Waffeln aus dem Teig backen.

WAFFELN MIT BLAUBEER-SAUCE

4 Port. 30 Min. Einfach

Zutaten

30 g Butter
140 g Weizenmehl
160 g Zucker
200 ml Sahne
150 g Blaubeeren (TK)
250 g Blaubeeren (frisch)
2 Eiweiß
2 Eigelb
1 Vanilleschote
Abrieb und Saft einer Zitrone
Abrieb und Saft einer halben Orange
1 Prise Salz

Nährwerte p. P.

530 kcal
78 g Kohlenhydrate
20 g Fett
8 g Eiweiß

1 Von der Zitrone sowie der Orange die Schale abreiben. Anschließend das Weizenmehl mit der Sahne, den Eigelben, der halben Menge des Zitronenabriebs, einer Prise Salz und etwas von dem Vanillemark ausgiebig verrühren.

2 Danach in einer anderen Schale die Eiweiße mit 60 Gramm des Zuckers in eine steife Masse verwandeln. Den Eischnee dann mit Vorsicht unter den ersten Teig heben.

3 Jetzt noch den Zucker in einem Topf zum Karamellisieren bringen und diesen dann mit dem Zitronen- sowie Orangensaft löschen. Danach den Zitronen- und Orangenabrieb, die Tiefkühl-Blaubeeren sowie das übrige Vanillemark einrühren. Alles circa fünf bis sieben Minuten kochen lassen.

4 Nach der Kochzeit die frischen Blaubeeren zugeben und das Ganze erneut zwei Minuten köcheln lassen.

5 Zu guter Letzt dann das Waffeleisen auf Temperatur bringen und portionsweise die Frühstückswaffeln ausbacken. Diese mit der Blaubeersoße servieren.

MOHN-WAFFELN MIT AHORNSIRUP

2 Port.

20 Min.

Einfach

Zutaten

75 g Weizenmehl
25 g Zucker (braun)
125 g Crème fraîche
1 Ei
50 g Butter (weich)
1 Teelöffel Backpulver
1 Esslöffel Mohn
1 Prise Salz
3 Esslöffel Ahornsirup

Nährwerte p. P.

666 kcal
61 g Kohlenhydrate
43 g Fett
9 g Eiweiß

1 Die weiche Butter mit dem braunen Zucker sowie der Prise Salz in eine cremige Masse verwandeln. Danach das Ei und den Ahornsirup dazugeben und alles erneut ausgiebig durchmischen.

2 Jetzt noch das Weizenmehl sowie den Mohn dazugeben und zum Schluss die Crème fraîche unterrühren.

3 Das Waffeleisen nun auf Temperatur bringen und aus dem Teig leckere Frühstückswaffeln zubereiten.

DINKEL-BANANEN-WAFFELN

2 Port.

30 Min.

Einfach

Zutaten

1 überreife Banane (groß)
200 g Dinkelvollkornmehl
125 ml Milch
125 ml Wasser
1 Esslöffel Sonnenblumenöl
12 g Weinstein-Backpulver
1 Prise Salz
Einen halben Teelöffel Vanille (gemahlen)

Nährwerte p. P.

519 kcal
81 g Kohlenhydrate
13 g Fett
13 g Eiweiß

1 Die Banane mit Hilfe einer Gabel in Brei verwandeln. Den Bananenbrei dann mit den gesamten anderen Zutaten mischen und so lange verrühren, bis das Ganze sich in einen glatten Teig verwandelt hat.

2 Jetzt nur noch das Waffeleisen auf Temperatur bringen und den Waffelteig portionsweise ausbacken.

SÜSSE KAROTTEN-ZUCCHINI-WAFFELN

2 Port.

35 Min.

Einfach

Zutaten

100 g Karotten
200 g Zucchini
100 g Zucker
3 Eier
100 g Butter (weich)
150 g Weizenmehl
50 g Speisestärke
1 Päckchen Vanillezucker
2 Teetöffel Backpulver

Nährwerte p. P.

550 kcal
68 g Kohlenhydrate
26 g Fett
10 g Eiweiß

1 Sowohl die Zucchini als auch die Karotten von ihrer Schale befreien und dann fein raspeln.

2 Danach die weiche Butter mit den Eiern, dem Zucker sowie dem Vanillezucker schaumig verrühren und im Anschluss die Zucchini- und Karottenraspeln unter den Teig mischen.

3 Jetzt noch das Weizenmehl mit dem Backpulver und der Prise Salz vermengen und diesen Mix ebenfalls unter den Gemüseteig rühren.

4 Jetzt das Waffeleisen auf die höchste Stufe stellen und den Waffelteig portionsweise ausbacken, sobald die Temperatur erreicht ist.

SCHOKO-BANANEN-WAFFELN

4 Port. 30 Min. Einfach

Zutaten

3 Bananen
200 g Weizenmehl
125 g Butter (weich)
50 g Zucker
3 Eier
1 Päckchen Backpulver
1 Päckchen Vanillezucker
4 Esslöffel Schokoladenraspeln (Zartbitter)
4 Esslöffel Milch
3 Tropfen Rum-Aroma
1 Prise Salz

Nährwerte p. P.

693 kcal
81 g Kohlenhydrate
35 g Fett
11 g Eiweiß

1 Die Bananen mit einer Gabel zu Mus zerdrücken. Anschließend die Butter flüssig werden lassen und in einer separaten Schüssel sämtliche trockenen Zutaten miteinander vermengen.

2 Danach die geschmolzene Butter, die Milch, die Eier sowie das Rum-Aroma zugeben und alles mit einem Mixer glatt rühren. Erst zum Schluss den Bananenbrei unter den Teig mischen.

3 Jetzt das Waffeleisen auf Temperatur bringen und portionsweise den Schoko-Bananen-Teig ausbacken.

KÄSE-SPECK-WAFFELN

2 Port. 25 Min. Einfach

Zutaten

100 g Buchweizenmehl
80 g Speckwürfel
2 Eier
50 g Olivenöl
75 ml Harissa-Paste
100 g Gouda (gerieben)
1 Teelöffel Petersilie (TK)
Einen halben Teelöffel Paprikapulver (geräuchert)
Einen halben Teelöffel Thymian (getrocknet)
1 Teelöffel Backpulver
3 Prisen Muskatnuss
2 Prisen Pfeffer
1 Prise Salz
1 Messerspitze Honig

Nährwerte p. P.

654 kcal
42 g Kohlenhydrate
53 g Fett
28 g Eiweiß

1 Zuerst die Speckwürfel in einer Bratpfanne rösten und diese dann beiseitestellen.

2 Im Anschluss zwei Eier mit dem Olivenöl und dem Wasser vermischen. Das Ganze mit einer Prise Salz sowie zwei Prisen Pfeffer verfeinern. Danach die Harissa-Paste, die Petersilie, das Paprikapulver, den Thymian, den Honig sowie die Muskatnuss zugeben und das Ganze erneut ausgiebig mischen.

3 Jetzt noch das Backpulver mit dem Buchweizenmehl vermengen und diesen Mix ebenfalls in die erste Mischung rühren. Zum Schluss noch den geriebenen Gouda sowie die Speckwürfel unter den Waffelteig mischen.

4 Jetzt nur noch das Waffeleisen auf Temperatur bringen und aus dem Teig leckere Frühstückswaffeln zaubern.

DINKEL-APFEL-WAFFEL MIT ZIMT

3 Port.

20 Min.

Einfach

Zutaten

100 g Mandeln (gemahlen)
100 g Dinkelvollkornmehl
50 g Butter (weich)
50 g Zucker
3 Äpfel
3 Eier
125 ml Milch
1 Teelöffel Backpulver
1 Teelöffel Zimt

Nährwerte p. P.

724 kcal
64 g Kohlenhydrate
43 g Fett
22 g Eiweiß

1 Die Äpfel von ihrer Schale lösen, Kerne und Stiel entfernen und den Rest grob raspeln.

2 Anschließend alle übrigen Zutaten zu den geraspelten Äpfeln geben und das Ganze in einen glatten Teig verwandeln.

3 Jetzt nur noch das das Waffeleisen auf Temperatur bringen und aus dem Teig leckere Knusperwaffeln zaubern.

APPENZELLER-WAFFELN MIT SCHINKEN

8 Port.

35 Min.

Einfach

Zutaten

200 g Weizenmehl
200 g saure Sahne
200 ml Vollmilch
2 Teelöffel Backpulver
40 g Butter
50 g Speckwürfel
50 g Appenzeller (gerieben)
1 Ei
Ein halbes Bund Schnittlauch
1 Prise Salz

Nährwerte p. P.

221 kcal
20 g Kohlenhydrate
12 g Fett
8 g Eiweiß

1 Die Butter im Topf bei geringen Temperaturen zum Schmelzen bringen und anschließend abkühlen lassen.

2 Danach das Weizenmehl mit Backpulver vermengen. Jetzt die Milch, das Ei sowie die saure Sahne zum Mehl-Mix geben und das Ganze mit einem Mixer ausgiebig durchrühren.

3 Im Anschluss den Schnittlauch in feine Ringe verwandeln und diese mit den Speckwürfeln und dem geriebenen Appenzeller unter den Teig mischen. Eine Prise Salz zufügen.

4 Zu guter Letzt das Waffeleisen auf Temperatur bringen und aus dem Teig knusprige Frühstückswaffeln zaubern.

KRÄUTER-KÄSE-WAFFELN

4 Port.

20 Min.

Einfach

Zutaten

200 g Dinkelmehl
200 g Butter (weich)
5 Eier
2 Teelöffel Backpulver
50 g Gouda (gerieben)
3 Esslöffel Milch
2 Esslöffel gemischte Kräuter
Einen halben Teelöffel Salz
1 Prise Muskatnuss
1 Prise Pfeffer

Nährwerte p. P.

673 kcal
37 g Kohlenhydrate
52 g Fett
15 g Eiweiß

1 Die Butter mit dem Salz, Muskatnuss sowie Pfeffer in eine schaumige Masse verwandeln.

2 Anschließend die Eier einzeln unter das Butter-Gemisch rühren.

3 Jetzt das Dinkelmehl mit dem Backpulver vermengen und den Mix ebenfalls in die erste Mischung rühren.

4 Dann noch die gemischten Kräuter, den Gouda sowie die Milch zugeben und alles ein letztes Mal gut verrühren.

5 Nun kann das Waffeleisen auf Temperatur gebracht werden und der Teig portionsweise ausgebacken werden.

HAFERFLOCKEN-VOLLKORN-WAFFELN

10 Port.

20 Min.

Einfach

Zutaten

375 ml Buttermilch
150 g Vollkornmehl
65 g Haferflocken (grob)
1 Esslöffel Olivenöl
2 Teelöffel Backpulver
60 g Butter (weich)
Einen halben Teelöffel Natron
1 Teelöffel Salz

Nährwerte p. P.

168 kcal
14 g Kohlenhydrate
9 g Fett
5 g Eiweiß

1 Die Haferflocken mit dem Vollkornmehl, dem Natron, dem Salz sowie dem Backpulver vermengen.

2 Danach die Eier schaumig verrühren und mit der Buttermilch mischen.

3 Jetzt den Mehl-Mix einrühren und anschließend die Butter schmelzen. Diese dann ebenfalls mit dem Olivenöl in den Teig geben und alles ausgiebig verrühren.

4 Nun kann das Waffeleisen auf Temperatur gebracht werden, um den Teig portionsweise goldbraun auszubacken.

QUARK-JOGHURT-WAFFELN

6 Port.

20 Min.

Einfach

Zutaten

200 g Quark
125 g Naturjoghurt
200 g Weizenmehl
80 g Butter (weich)
4 Eier
80 g Zucker
1 Teelöffel Backpulver
1 Teelöffel Vanilleextrakt
1 Prise Salz

Nährwerte p. P.

373 kcal
40 g Kohlenhydrate
19 g Fett
11 g Eiweiß

1 Zuerst einmal die Eier trennen. Danach das Eiweiß mit einer Prise Salz in eine schaumige Masse schlagen.

2 Jetzt in einer anderen Schüssel die Butter mit dem Naturjoghurt, dem Quark, dem Zucker, dem Weizenmehl sowie dem Backpulver verrühren.

3 Im Anschluss den Eischnee mit Vorsicht unter den Teig heben.

4 Zu guter Letzt das Waffeleisen vorheizen, mit etwas Fett bestreichen und den Waffelteig portionsweise ausbacken.

KEFIR-WAFFELN

8 Port. 20 Min. Einfach

Zutaten

350 ml Buttermilch
350 ml Kefir
500 g Weizenmehl
250 g Butter (weich)
200 g Zucker
1 Teelöffel Vanilleextrakt
2 Teelöffel Backpulver
Einen halben Teelöffel Natron
3 Eier
1 Prise Salz

Nährwerte p. P.

613 kcal
74 g Kohlenhydrate
30 g Fett
12 g Eiweiß

1 Die weiche Butter mit den Eiern, dem Zucker, der Prise Salz sowie dem Vanilleextrakt schaumig verrühren.

2 Danach das Natron mit dem Backpulver und dem Weizenmehl vermengen und auch diesen Mix im Wechsel mit dem Kefir und der Buttermilch in die Eier-Masse einrühren.

3 Im Anschluss den Waffelteig ungefähr zehn Minuten ruhen lassen.

4 Währenddessen schon einmal das Waffeleisen einfetten und auf Temperatur bringen. Nach der Ruhezeit den Waffelteig knusprig braun ausbacken.

Herzhafte Waffeln

WAFFELN MIT GERÄUCHERTEM LACHS

4 Port.

80 Min.

Einfach

Zutaten

80 g Räucherlachs
125 ml Milch (warm)
125 g Weizenmehl
10 g Trockenhefe
25 g Butter
Eine Prise Salz
1 Ei
2 bis 3 Teelöffel Lachskaviar
3 bis 4 Stiele Dill
150 g Sahne
Pfeffer

Nährwerte p. P.

369 kcal
25 g Kohlenhydrate
24 g Fett
13 g Eiweiß

1 Zuerst die Butter bei niedrigen Temperaturen zum Schmelzen bringen und anschließend abkühlen lassen.

2 Danach das Mehl in eine Schüssel sieben und die Trockenhefe sowie eine Prise Salz dazugeben. Jetzt die warme Milch und die zerlassene Butter zu dem Ganzen geben und alles gut mischen.

3 Anschließend das Ei zum Teig geben und alles erneut gut durchkneten. Den Dill von zwei Stielen nehmen und zerhacken und den Räucherlachs in kleine Würfel teilen. Beides unter den Waffelteig mischen und das Ganze mit Pfeffer sowie Salz würzen.

4 Jetzt den Waffelteig zugedeckt eine Stunde an einem warmen Ort ruhen lassen.

5 In der Zwischenzeit die Sahne in eine steife Masse verwandeln und diese mit Pfeffer sowie Salz verfeinern.

6 Nach der Ruhezeit den Waffelteig im Waffeleisen ausbacken und mit der Sahne, etwas Dill sowie dem Lachskaviar servieren.

RÖSTZWIEBEL-WAFFELN

8 Port. 20 Min. Einfach

Zutaten

80 g Röstzwiebeln
200 ml Milch
150 g Butter (weich)
250 g Weizenmehl
4 Eier
Ein halbes Päckchen Backpulver
1 Teelöffel Oregano
Pfeffer
Salz

Nährwerte p. P.

319 kcal
28 g Kohlenhydrate
20 g Fett
7 g Eiweiß

1 Zuerst einmal die weiche Butter schaumig rühren. Danach die Eier einzeln zugeben und in die schaumige Butter mischen.

2 Anschließend die halbe Menge des Weizenmehls zugeben und erneut alles verrühren.

3 Jetzt das übrige Weizenmehl mit dem Backpulver, Salz, Oregano sowie Pfeffer einrühren.

4 Zuletzt noch die Milch in den Teig mischen und die Röstzwiebel unterheben.

5 Danach das Waffeleisen einheizen und den Teig schön kross ausbacken.

PIZZA-WAFFELN

8 Port.

20 Min.

Mittel

Zutaten

250 ml Vollmilch
300 g Weizenmehl
60 g Butter (weich)
2 Eier
4 Esslöffel Tomatenmark
150 g Gouda (gerieben)
100 g Kochschinken
2 Knoblauchzehen
1 Teelöffel Backpulver
1 Teelöffel Paprikapulver (edelsüß)
Einen halben Teelöffel Salz
3 Prisen Pfeffer
Einen halben Teelöffel Basilikum (getrocknet)
Einen halben Teelöffel Oregano (getrocknet)
Einen halben Teelöffel Thymian (getrocknet)

Nährwerte p. P.

244 kcal
21 g Kohlenhydrate
13 g Fett
11 g Eiweiß

1 Die Butter mit einem Mixer schaumig schlagen. Danach die Eier, die zuvor gepressten Knoblauchzehen, das Salz, sämtliche Gewürze sowie das Tomatenmark zugeben und alles ausgiebig mischen.

2 Anschließend das Backpulver mit dem Weizenmehl vermengen und diesen Mix abwechselnd mit der Milch in die erste Mischung rühren.

3 Zu guter Letzt den Kochschinken in kleine Würfel teilen und diese mit dem geriebenen Gouda unter den Waffelteig mischen.

4 Jetzt das Waffeleisen auf Temperatur bringen und die Pizza-Waffeln goldbraun ausbacken.

KÄSE-WAFFELN MIT GARTENKRÄUTERN

6 Port.

20 Min.

Einfach

Zutaten

100 ml Mineralwasser
200 g Weizenmehl
150 g Butter (weich)
4 Eier
100 g Gouda (gerieben)
Eineinhalb Teelöffel Backpulver
3 Prisen Pfeffer
Eine halbe Tasse Gartenkräuter
3 Prisen Salz

Nährwerte p. P.

400 kcal
24 g Kohlenhydrate
29 g Fett
11 g Eiweiß

1 Mit einem Mixer die weiche Butter schaumig verrühren. Danach die Eier sowie das Salz dazugeben und alles erneut ausgiebig durchmischen.

2 Anschließend das Weizenmehl und das Backpulver miteinander vermengen und diesen Mix im Wechsel mit dem Mineralwasser in den Teig geben.

3 Zu guter Letzt noch die Gartenkräuter sowie den geriebenen Gouda unter den Teig rühren.

4 Jetzt das Waffeleisen anstellen und den Teig portionsweise ausbacken, wenn das Eisen seine Temperatur erreicht hat.

RINDERHACK-WAFFELN

4 Port.

30 Min.

Einfach

Zutaten

150 g Rinderhack
250 ml Mineralwasser
2 Eier
2 Knoblauchzehen
1 Zwiebel
250 g Weizenmehl
1 Teelöffel Paprika-pulver (edelsüß)
1 Teelöffel Backpulver
1 Prise Zucker
Pfeffer
Salz

Nährwerte p. P.

350 kcal
47 g Kohlenhydrate
11 g Fett
16 g Eiweiß

1 Die Zwiebel aus ihrer Schale lösen und diese dann in kleine Würfel teilen. Mit einer Prise Zucker sowie Öl und dem Rinderhack dann die Zwiebelwürfel in einer Pfanne braten.

2 Das Ganze dann noch mit Paprikapulver, Salz sowie Pfeffer verfeinern. Ist das Rinderhack gar, die Pfanne vom Herd nehmen, damit alles abkühlen kann.

3 Währenddessen die Eier trennen und die Eiweiße mit einer Prise Salz in eine steife Masse verwandeln.

4 Anschließend die Dotter mit einer weiteren Salzprise cremig rühren. Danach das Backpulver sowie das Weizenmehl mischen und den Mix im Wechsel mit dem Mineralwasser in die Eigelbmischung rühren.

5 Jetzt das gebratene Rinderhack einrühren und den Eischnee mit Vorsicht unter den Teig heben.

6 Zum Schluss den Waffelteig portionsweise im vorgeheizten Waffeleisen ausbacken.

KÄSE-SALAMI-WAFFELN

8 Port.

45 Min.

Einfach

Zutaten

500 ml Wasser (zimmerwarm)
500 g Weizenmehl
5 Esslöffel Olivenöl
300 g Salami (dünne Scheiben)
300 g Emmentaler (gerieben)
1 Ei
1 Päckchen Trockenhefe
2 Prisen Zucker
3 Prisen Salz

Nährwerte p. P.

643 kcal
46 g Kohlenhydrate
19 g Fett
29 g Eiweiß

1 In etwas lauwarmem Wasser die Trockenhefe auflösen und den Mix dann zehn Minuten quellen lassen.

2 Jetzt das Weizenmehl in eine Schüssel geben, eine Mulde mittig ins Mehl drücken und hier die Hefelösung einfüllen.

3 Anschließend das Ei, das Olivenöl, das übrige Wasser sowie den Zucker und das Salz zugeben und alles in einen glatten Teig verwandeln.

4 Die Salami in dünne Streifen zerteilen und diese mit dem Emmentaler in den Teig mischen. Das Ganze im Anschluss an einem warmen Ort eine halbe Stunde gehen lassen.

5 Nach der Ruhezeit das Waffeleisen auf Temperatur bringen und leckere Waffeln zubereiten.

PARMESAN-SPECK-WAFFELN

 6 Port.  20 Min.  Einfach

Zutaten

250 g Weizenmehl
100 g Speck (durchwachsen)
100 g Parmesan (gerieben)
350 ml Milch
3 Eier
3 Esslöffel gemischte Gartenkräuter (frisch)
Einen halben Teelöffel Backpulver
1 Prise Salz
Etwas Öl

Nährwerte p. P.

329 kcal
33 g Kohlenhydrate
14 g Fett
17 g Eiweiß

1 Die Schwarte vom Speck entfernen und den Rest in kleine Würfel zerteilen. Diese dann in einer Pfanne mit etwas Öl braten. Sind die Speckwürfel schön kross, diese aus der Pfanne nehmen zum Abkühlen.

2 Anschließend die Eier trennen und die Eiweiße mit einer Prise Salz in eine steife Masse verwandeln. Danach das Weizenmehl mit dem Backpulver vermischen.

3 Mit dem Mixer jetzt die Eigelbe und den Parmesankäse verquirlen. Danach die Milch und den Mehl-Mix im Wechsel zugeben. Das Ganze so lange verrühren, bis der Teig glatt ist. Danach den Waffelteig eine Viertelstunde ruhen lassen.

4 In der Zwischenzeit die Gartenkräuter fein zerhacken. Diese dann mit dem Speck unter den Waffelteig mischen.

5 Zu guter Letzt das Waffeleisen anstellen und den Teig portionsweise in krosse Waffeln verwandeln.

ZWIEBEL-SPECK-WAFFELN

6 Port.

20 Min.

Einfach

Zutaten

200 g Vollkornmehl
100 g Röstzwiebeln
120 g Speckwürfel (geräuchert)
250 ml Milch (zimmerwarm)
Ein halbes Bund Petersilie
1 Teelöffel Backpulver
4 Eier
1 Teelöffel Salz
8 Esslöffel Sonnenblumenöl

Nährwerte p. P.

331 kcal
23 g Kohlenhydrate
21 g Fett
12 g Eiweiß

1 Die Speckwürfel mit etwas Öl in einer Pfanne kross anbraten. Diesen dann ohne das Öl aus der Pfanne nehmen und abkühlen lassen.

2 Jetzt das Vollkornmehl mit dem Salz und dem Backpulver vermengen. Hier hinein jetzt das Sonnenblumenöl, die Milch sowie die Eier hineingeben und alles gut durchmixen.

3 Anschließend die Speckwürfel, die zuvor gehackte Petersilie sowie die Röstzwiebeln unter den Teig mischen.

4 Das Waffeleisen vorheizen und aus dem Teig knusprige Waffeln backen.

FRITTATA-WAFFELN

4 Port. 20 Min. Einfach

Zutaten

5 Cocktailtomaten
8 Eier
5 Möhren
2 Lauchzwiebeln
4 Esslöffel Mascarpone
100 g Parmesankäse (gerieben)
100 g Speckwürfel
4 Esslöffel Weizenmehl
1 Prise Muskatnuss
Pfeffer
Salz

Nährwerte p. P.

443 kcal
20 g Kohlenhydrate
28 g Fett
26 g Eiweiß

1 Die Möhren von ihrer Schale befreien und dann grob reiben. Dann die Tomaten vierteln und die Kerne herausnehmen. Die Lauchzwiebeln nach dem Säubern in feine Ringe teilen.

2 Im Anschluss die Speckwürfel mit ein bisschen Öl in einer Pfanne braten.

3 Jetzt die Eier mit einem Mixer ausgiebig verrühren. Während des Rührens das Weizenmehl sowie die Mascarpone zugeben.

4 Danach die Möhren, die Lauchzwiebeln, den Parmesankäse sowie die Speckwürfel untermischen. Den herzhaften Waffelteig mit Pfeffer, Muskatnuss und Salz verfeinern.

5 Nun das Waffeleisen auf Temperatur bringen und aus dem Teig leckere Waffeln backen.

KARTOFFEL-WAFFELN MIT KÄSE

8 Port. 20 Min. Einfach

Zutaten

1 kg gekochte Kartoffeln
2 Eier (groß)
150 g Bacon
3 Esslöffel Mehl
100 g Gouda (gerieben)
50 g Butter (weich)
150 g Bacon
1 Bund Schnittlauch
1 Teelöffel Backpulver
Eineinhalb Teelöffel Salz

Nährwerte p. P.

261 kcal
26 g Kohlenhydrate
12 g Fett
11 g Eiweiß

1 Den Bacon in einer Pfanne kross anbraten und diesen dabei fein zerkleinern. Anschließend den Bacon zum Abkühlen aus der Pfanne nehmen. Die Butter schmelzen.

2 Die gekochten Kartoffeln grob reiben und dann mit dem Mehl, den Eiern, der Butter, dem Backpulver sowie dem geriebenen Gouda per Handmixer mischen.

3 Jetzt den Schnittlauch in feine Ringe zerteilen und zwei Drittel davon in den Teig rühren. Danach dieselbe Menge an Bacon unterheben.

4 Zum Schluss noch das Waffeleisen anstellen und knusprige Waffeln aus dem Teig backen. Den übrigen Schnittlauch sowie Bacon zum Bestreuen der Waffeln verwenden.

AVOCADO-WAFFELN

4 Port.

20 Min.

Einfach

Zutaten

200 ml Kefir
1 Avocado
150 g Dinkelmehl
2 Eier
1 Paprika (gelb)
1 Tomate
50 ml Rapsöl
1 Esslöffel Limettensaft
1 Prise Salz
1 Esslöffel Koriander (gemahlen)

Nährwerte p. P.

430 kcal
32 g Kohlenhydrate
28 g Fett
10 g Eiweiß

1 Die Schale von der Avocado befreien, den Kern lösen und das Fruchtfleisch pürieren.

2 In das pürierte Avocado-Mus dann die Eier, den Limettensaft sowie das Dinkelmehl einrühren.

3 Jetzt die Tomate in Würfel teilen, mit einer Prise Salz bestreuen und mit dem Kefir mischen.

4 Den Tomaten-Kefir-Mix unter den Avocado-Teig rühren. Danach die Paprika ebenfalls würfeln und auch diese mit dem Koriander sowie dem Rapsöl unter den Waffelteig mischen.

5 Zum Schluss das Waffeleisen auf Temperatur bringen und den Teig portionsweise backen.

MÖHREN-BROKKOLI-WAFFELN

4 Port.

20 Min.

Einfach

Zutaten

200 ml Milch
2 Eier
1 Teelöffel Backpulver
250 g Dinkelmehl
2 Möhren
6 Brokkoli-Röschen
2 Prisen Salz

Nährwerte p. P.

304 kcal
49 g Kohlenhydrate
6 g Fett
12 g Eiweiß

1 Die Möhren sowie die Brokkoli-Röschen säubern. Danach die Schale von den Möhren entfernen und den Rest würfeln. Den Brokkoli in dieselbe Form bringen.

2 Jetzt die Gemüsewürfel in einem Topf mit Wasser garen.

3 Währenddessen das Dinkelmehl mit den Eiern verrühren. Anschließend die Gemüsewürfel zugeben und das Ganze erneut mischen.

4 Zum Schluss noch das Backpulver, zwei Prisen Salz sowie die Milch in den Waffelteig geben und alles erneut ausgiebig durchrühren.

5 Danach das Waffeleisen auf Temperatur bringen und den Teig goldbraun ausbacken.

CHILI-WAFFELN MIT SALAMI UND KÄSE

4 Port.

20 Min.

Einfach

Zutaten

200 g Weizenmehl
75 g Gouda (gerieben)
100 g Margarine
4 Eier
1 Zwiebel
75 g Salami
200 ml Mineralwasser
1 Esslöffel Chiliflocken
1 Prise Chilipulver
2 Esslöffel Kräuter nach Wahl
1 Päckchen Backpulver

Nährwerte p. P.

594 kcal
37 g Kohlenhydrate
39 g Fett
20 g Eiweiß

1 Zuerst einmal das Weizenmehl mit der Margarine, den Eiern sowie dem Mineralwasser ordentlich verrühren.

2 Danach die Salami in kleine Stückchen teilen und diese mit dem Backpulver sowie dem geriebenen Gouda unter den Teig mischen.

3 Jetzt noch die Zwiebel ohne Schale würfeln und diese mit den Kräutern, den Chiliflocken sowie dem Chilipulver unter den Waffelteig heben.

4 Zum Schluss das Waffeleisen anstellen und den Teig schön kross ausbacken.

CURRY-FRISCHKÄSE-WAFFELN

4 Port.

30 Min.

Einfach

Zutaten

225 g Weizenmehl
225 ml Milch
200 g Frischkäse
125 ml Olivenöl
3 Eier
1 Esslöffel Currypulver
1 Teelöffel Koriander
1 Esslöffel Petersilie (frisch)
1 Prise Salz
1 Päckchen Backpulver

Nährwerte p. P.

684 kcal
47 g Kohlenhydrate
48 g Fett
15 g Eiweiß

1 Nach und nach die drei Eier in den Frischkäse rühren.

2 Danach das Weizenmehl, das Backpulver, die Milch sowie das Olivenöl zugeben und ebenfalls gut verrühren.

3 Das Ganze dann mit dem Currypulver, der zerhackten Petersilie sowie dem Koriander verfeinern. Im Anschluss den Teig gute zehn Minuten ruhen lassen, bevor dieser dann im Waffeleisen ausgebacken wird.

ERBSEN-WAFFELN MIT SPECK

4 Port.

20 Min.

Einfach

Zutaten

275 ml Milch
175 g Weizenmehl
1 Zwiebel (rot)
75 g Speckwürfel
1 Dose Erbsen
2 Eier
1 Esslöffel Petersilie (frisch)
1 Päckchen Backpulver

Nährwerte p. P.

334 kcal
42 g Kohlenhydrate
11 g Fett
16 g Eiweiß

1 Zuerst einmal die Milch mit dem Backpulver, dem Weizenmehl sowie den Eiern verrühren.

2 Jetzt die Petersilie fein zerhacken und diese mit den Erbsen und den Speckwürfeln unter den Teig mischen.

3 Danach die Zwiebel von der Schale lösen und diese in feine Würfel verwandeln. Die Zwiebelwürfel dann mit der Prise Salz ebenfalls in den Teig geben.

4 Zum Schluss das Waffeleisen auf Temperatur bringen und aus dem Teig goldbraune Waffeln backen.

ZUCCHINI-FETA-KÄSE WAFFELN

4 Port.

30 Min.

Einfach

Zutaten

2 Zucchini
200 g Fetakäse
1 Teelöffel Zucker
1 Teelöffel Backpulver
100 g Weizenmehl
4 Eier
1 Prise Salz

Nährwerte p. P.

291 kcal
22 g Kohlenhydrate
15 g Fett
17 g Eiweiß

1 Die Zucchini von ihrer Schale befreien und dann raspeln. Danach den Fetakäse separat in Raspeln verwandeln und anschließend die Zucchini-Raspeln, möglichst ohne Saft, mit dem Fetakäse mischen.

2 Anschließend die Eier unter das Zucchini-Feta-Gemisch rühren.

3 Jetzt noch das Backpulver, das Weizenmehl, den Zucker sowie das Salz zugeben.

4 Danach das Waffeleisen auf Temperatur bringen und den Waffelteig portionsweise ausbacken.

KÄSE-KARTOFFEL-WAFFELN

 4 Port.

 35 Min.

 Einfach

Zutaten

125 g Gouda (gerieben)
3 Eier
300 ml Milch
50 g Margarine
500 g Kartoffeln
150 g Weizenmehl
300 ml Milch
1 Prise Muskatnuss
1 Prise Salz
1 Prise Pfeffer
1 Teelöffel Backpulver

Nährwerte p. P.

680 kcal
91 g Kohlenhydrate
16 g Fett
29 g Eiweiß

1 Die Kartoffeln von ihrer Schale befreien und dann in Salzwasser garen.

2 Nachdem diese ein wenig abgekühlt sind, die Kartoffeln durch eine Kartoffelpresse quetschen. Den Kartoffelbrei dann mit der Milch sowie der Margarine mischen.

3 Anschließend den geriebenen Gouda, die Eier sowie das Weizenmehl unter die Kartoffeln rühren.

4 Es folgen Pfeffer, Backpulver, Muskatnuss sowie Salz.

5 Jetzt nur noch das Waffeleisen auf Temperatur bringen und aus dem Teig goldbraune Waffeln zaubern.

Vegetarische Waffeln

KÄSE-WAFFELN

4 Port.

10 Min.

Einfach

Zutaten

75 g Sauerrahm
200 g Weizenmehl
2 Eier
100 g Hartkäse (gerieben)
1 Teelöffel Thymian (getrocknet)
250 ml Buttermilch
Pfeffer
Salz

Nährwerte p. P.

343 kcal
39 g Kohlenhydrate
13 g Fett
17 g Eiweiß

1 Sämtliche Zutaten in eine Schüssel geben und mit einem Handmixer so lange verrühren, bis das Ganze einen glatten Teig ergibt.

2 Jetzt das Waffeleisen auf Temperatur bringen, einfetten und den Waffelteig portionsweise ausbacken.

FETAKÄSE-KÜRBIS-WAFFELN

4 Port.

30 Min.

Einfach

Zutaten

125 g Kürbispüree
200 ml Mineralwasser
4 Eier
75 g Fetakäse
1 Päckchen Backpulver
75 g Margarine
1 Prise Salz
1 Prise Pfeffer
150 g Weizenmehl

Nährwerte p. P.

538 kcal
33 g Kohlenhydrate
40 g Fett
12 g Eiweiß

1 In die weiche Margarine nach und nach die Eier einrühren.

2 Danach das Weizenmehl, das Kürbispüree, das Backpulver sowie Salz und Pfeffer zugeben.

3 Den Fetakäse hingegen in den Teig reiben. Anschließend das Mineralwasser zufügen.

4 Jetzt noch das Waffeleisen anstellen und den Teig portionsweise ausbacken.

MAIS-WAFFELN

4 Port. 30 Min. Einfach

Zutaten

1 Dose Mais
3 Eier
275 ml Milch
250 g Maismehl
50 g Margarine
1 Prise Salz
1 Prise Zucker
1 Teelöffel Backpulver

Nährwerte p. P.

476 kcal
54 g Kohlenhydrate
21 g Fett
13 g Eiweiß

1 Die Margarine in der Mikrowelle schmelzen. Danach die Milch mit den Eiern sowie dem Weizenmehl verrühren.

2 Jetzt noch das Backpulver, den Mais, den Zucker sowie das Salz unter den Teig mischen.

3 Zu guter Letzt die flüssige Margarine unterrühren und den fertigen Waffelteig anschließend zehn Minuten ruhen lassen.

4 Währenddessen schon einmal das Waffeleisen anstellen und einfetten. Nach zehn Minuten aus dem Teig leckere Waffeln zaubern.

PAPRIKA-WAFFELN

4 Port. 30 Min. Einfach

Zutaten

250 ml Milch
3 Eier
250 g Weizenmehl
1 Paprika (rot)
125 g Margarine
1 Teelöffel Backpulver
1 Teelöffel Paprikapulver
1 Teelöffel Salz
1 Prise Pfeffer

Nährwerte p. P.

552 kcal
51 g Kohlenhydrate
33 g Fett
12 g Eiweiß

1 Zuerst die Margarine mit den Eiern und dem Paprikapulver mischen.

2 Anschließend 200 Milliliter von der Milch sowie den Pfeffer, das Salz und das Backpulver zufügen.

3 Danach die Paprika ohne Stiel und Kerne in kleine Stückchen teilen und diese mit der übrigen Milch sowie dem Weizenmehl in den Teig mischen.

4 Zum Schluss das Waffeleisen anstellen und den Teig portionsweise in goldgelbe Waffeln verwandeln.

PASTINAKEN-WAFFELN

4 Port.

40 Min.

Einfach

Zutaten

4 Pastinaken
3 Eier
50 g Schnittlauch
1 Knoblauchzehe
400 g Naturjoghurt
1 Prise Pfeffer
1 Prise Salz

Nährwerte p. P.

141 kcal
7 g Kohlenhydrate
5 g Fett
9 g Eiweiß

1 Die Pastinaken von ihrer Schale befreien und diese dann raspeln.

2 Danach die Knoblauchzehe aus ihrer Schale lösen und diese dann reiben.

3 Den Knoblauch-Pastinaken-Mix anschließend mit Salz und Pfeffer verfeinern. Das Ganze dann mit ein bisschen Öl in einer Pfanne anbraten.

4 Jetzt noch den abgekühlten Knoblauch-Pastinaken-Mix mit dem Naturjoghurt und den Eiern mischen.

5 Den Schnittlauch in feine Ringe teilen und diesen ebenfalls unter den Teig heben.

6 Jetzt das Waffeleisen auf Temperatur bringen und den Teig portionsweise ausbacken.

ZUCCHINI-PETERSILIEN-WAFFELN

4 Port.

30 Min.

Einfach

Zutaten

4 Zucchini
75 ml Olivenöl
300 g Weizenmehl
1 Zwiebel
2 Esslöffel Petersilie
5 Eier
200 ml Milch
2 Knoblauchzehen
1 Prise Salz
1 Päckchen Backpulver
1 Prise Pfeffer

Nährwerte p. P.

567 kcal
61 g Kohlenhydrate
27 g Fett
18 g Eiweiß

1 Das Olivenöl mit der Milch sowie den Eiern verrühren.

2 Anschließend den Pfeffer und das Salz sowie das Weizenmehl zugeben und alles ausgiebig mischen.

3 Jetzt die Zwiebel sowie die Knoblauchzehen und die Zucchini ohne Schale reiben. Das Ganze in den Teig geben und gut verrühren.

4 Danach die Petersilie fein zerhacken und diese mit dem Backpulver ebenfalls in den Teig geben. Den fertigen Waffelteig dann erst einmal zehn Minuten ruhen lassen.

5 Nach der Ruhezeit den Waffelteig im Waffeleisen ausbacken.

ROTE-BETE-WAFFELN

4 Port.

30 Min.

Einfach

Zutaten

1 Glas Rote Bete
2 Eier
250 ml Milch
175 g Weizenmehl
1 Esslöffel Olivenöl
2 Esslöffel Rote Bete-Pulver
1 Päckchen Backpulver
1 Prise Salz
1 Prise Pfeffer

Nährwerte p. P.

282 kcal
40 g Kohlenhydrate
9 g Fett
10 g Eiweiß

1 Zuerst das Weizenmehl mit den Eiern, der Milch sowie dem Backpulver verrühren.

2 Danach die Rote Bete aus dem Glas in kleine Stückchen zerteilen und diese mit dem Rote Bete-Pulver unter den Teig mischen.

3 Zu guter Letzt das Olivenöl einrühren und den Waffelteig mit Pfeffer sowie Salz geschmacklich verfeinern.

4 Jetzt das Waffeleisen anstellen, auf Temperatur bringen und den Teig portionsweise knusprig ausbacken.

SPINAT-WAFFELN

4 Port.

30 Min.

Einfach

Zutaten

400 g Rahmspinat
100 g Margarine
125 Gouda (gerieben)
3 Eier
50 ml Milch
300 g Weizenmehl
1 Prise Salz
1 Päckchen Backpulver
1 Prise Muskatnuss
1 Prise Pfeffer

Nährwerte p. P.

670 kcal
60 g Kohlenhydrate
37 g Fett
23 g Eiweiß

1 Die Margarine mit den Eiern verrühren.

2 Danach den Rahmspinat, die Milch, das Mehl sowie das Backpulver zugeben und das Ganze ordentlich mit dem Handmixer mischen.

3 Jetzt noch den geriebenen Gouda sowie Pfeffer, Muskatnuss und Salz zugeben.

4 Im Anschluss das Waffeleisen vorheizen und den Teig portionsweise ausbacken.

SÜSSKARTOFFEL-WAFFELN

4 Port. 30 Min. Einfach

Zutaten

300 g Süßkartoffeln
2 Eier
300 g Mandelmilch
100 g Haferflocken (fein)
1 Teelöffel Backpulver
1 Prise Salz
1 Prise Paprikapulver

Nährwerte p. P.

234 kcal
39 g Kohlenhydrate
5 g Fett
7 g Eiweiß

1 Die Süßkartoffeln von ihren Schalen befreien und in Wasser garen.

2 Danach die Kartoffeln durch eine Presse drücken und anschließend mit der Mandelmilch sowie den Eiern mischen.

3 Danach die Haferflocken sowie das Backpulver zufügen und alles mit Salz sowie Paprikapulver verfeinern.

4 Jetzt muss nur noch das Waffeleisen auf Temperatur gebracht und der Teig portionsweise ausgebacken werden.

TOMATEN-WAFFELN

4 Port.

30 Min.

Einfach

Zutaten

1 Tomate
1 Zwiebel
4 Eier
325 g Weizenmehl
175 g Margarine
50 g Tomatenmark
325 ml Milch
1 Päckchen Backpulver
125 g Gouda (gerieben)
1 Prise Pfeffer
1 Prise Salz

Nährwerte p. P.

848 kcal
67 g Kohlenhydrate
53 g Fett
24 g Eiweiß

1 Das Backpulver mit dem Weizenmehl vermengen. Anschließend die Eier nach und nach in den Mehl-Mix rühren.

2 Danach die Margarine, den geriebenen Gouda sowie das Tomatenmark zugeben.

3 Die Tomate erst in kleine Stückchen teilen und die Zwiebel ohne Schale in feine Würfel verwandeln. Beides anschließend unter den Waffelteig heben und mit Pfeffer sowie Salz verfeinern.

4 Danach kann der Teig sofort im vorgeheizten Waffeleisen knusprig ausgebacken werden.

MOZZARELLA-TOMATEN-WAFFELN

4 Port.

30 Min.

Einfach

Zutaten

125 g Mozzarella
275 g Weizenmehl
200 ml Mineralwasser
1 Tomate
2 Eier
50 ml Olivenöl
1 Teelöffel Basilikum
1 Esslöffel Trockenhefe
1 Prise Pfeffer
1 Prise Salz

Nährwerte p. P.

455 kcal
49 g Kohlenhydrate
21 g Fett
16 g Eiweiß

1 Die Trockenhefe mit den Eiern sowie dem Weizenmehl verrühren.

2 Danach die Tomate abbrausen, den Strunk lösen und den Rest in kleine Würfel zerteilen.

3 Die Tomatenstücke mit dem Mineralwasser und dem Olivenöl in den Teig mischen.

4 Jetzt noch den Mozzarella in Würfel verwandeln und diese mit dem Basilikum, dem Pfeffer sowie dem Salz in den Teig rühren.

5 Den Waffelteig dann portionsweise im Waffeleisen ausbacken.

KOHLRABI-WAFFELN

4 Port.

30 Min.

Einfach

Zutaten

100 g Weizenmehl
3 Kohlrabi
1 Zwiebel
3 Kartoffeln
1 Knoblauchzehe
2 Eier
100 g Gouda (gerieben)
1 Esslöffel Zitronensaft
Etwas Cayennepfeffer
Salz
Pfeffer

Nährwerte p. P.

281 kcal
32 g Kohlenhydrate
10 g Fett
15 g Eiweiß

1 Sowohl die Kartoffeln als auch die Kohlrabi, die Zwiebel sowie die Knoblauchzehe von der Schale lösen und in kleine Stückchen zerteilen.

2 Danach die Eier in einer Schüssel verrühren und alle anderen Zutaten zugeben. Das Ganze ausgiebig mischen und dann mit dem Cayennepfeffer, dem Salz sowie dem weißen Pfeffer würzen.

3 Zu guter Letzt das Waffeleisen ausgiebig einfetten und aus dem Teig leckere Waffeln zaubern.

VEGGIE-WAFFELN MIT BERGKÄSE

5 Port. 30 Min. Einfach

Zutaten

370 ml Milch
200 g Bergkäse (gerieben)
125 g Butter (weich)
120 g Weizenmehl
200 g Möhren
6 Eier
2 Teelöffel Backpulver
1 Teelöffel Salz
Ein paar Gartenkräuter nach Wahl

Nährwerte p. P.

561 kcal
23 g Kohlenhydrate
42 g Fett
21 g Eiweiß

1 Zuerst die Möhren von ihrer Schale befreien. Diese dann reiben und gut ausdrücken.

2 Jetzt die weiche Butter mit dem Salz schaumig verrühren. Danach die Eier trennen und das Eigelb in den Butter-Salz-Mix mischen.

3 Anschließend das Weizenmehl, das Backpulver sowie die Milch abwechselnd in den Teig rühren.

4 Es folgen der geriebene Bergkäse, die geraspelten Möhren sowie die zuvor zerhackten Kräuter. Alles nun mit Pfeffer sowie Salz geschmacklich verfeinern.

5 Danach die Eiweiße noch in Eischnee verwandeln und mit Vorsicht unter den Waffelteig heben.

6 Jetzt das Waffeleisen auf Temperatur bringen und den Teig kross ausbacken.

BASILIKUM-EDELPILZKÄSE-WAFFELN

10 Port.

40 Min.

Einfach

Zutaten

300 g Weizenmehl
100 g Butter (weich)
200 g Edelpilzkäse
500 ml Milch
4 Eier
3 Bund Basilikum
Pfeffer
Salz

Nährwerte p. P.

315 kcal
25 g Kohlenhydrate
18 g Fett
12 g Eiweiß

1 Die Butter bei kleiner Temperatur zum Schmelzen bringen und kurz ein wenig abkühlen lassen.

2 Danach die Eier mit der Butter schaumig verrühren. Den Edelpilzkäse zerbröseln und ebenfalls in die Eiermischung rühren.

3 Im Anschluss das Mehl hineinsieben und die Milch zugeben. Das Ganze erneut mit dem Handmixer ausgiebig verquirlen.

4 Danach den Waffelteig erst einmal 20 Minuten ruhen lassen.

5 Zwischenzeitlich das Basilikum abbrausen, trocken schütteln und fein zerhacken. Diesen dann nach den 20 Minuten ebenfalls unter den Waffelteig heben und das Ganze mit Pfeffer sowie Salz verfeinern.

6 Zum Schluss das Waffeleisen anstellen und den Waffelteig portionsweise goldbraun ausbacken.

Vegane Waffeln

EINFACHE HAFERFLOCKEN-WAFFELN

4 Port.

20 Min.

Einfach

Zutaten

275 ml Sojamilch
150 g Haferflocken
1 Teelöffel Backpulver
200 g Apfelmus
1 Päckchen Vanillezucker
1 Prise Zimt
1 Prise Salz

Nährwerte p. P.

200 kcal
33 g Kohlenhydrate
4 g Fett
7 g Eiweiß

1 Die Haferflocken mit dem Backpulver sowie der Prise Salz mischen.

2 Danach die Hälfte der Sojamilch zugießen und den Zimt sowie den Vanillezucker zugeben. Das Ganze ausgiebig mit dem Mixer verrühren.

3 Jetzt noch die übrige Sojamilch sowie den Apfelmuss unter den Teig mischen.

4 Anschließend das Waffeleisen auf Temperatur bringen und aus dem Teig goldbraune Waffeln herstellen.

HEFE-WAFFELN

4 Port. 30 Min. Einfach

Zutaten

325 ml Hafermilch
75 ml Rapsöl
275 g Weizenmehl
75 g Zucker
1 Teelöffel Backpulver
2 Prisen Zimt
1 Prise Salz
1 Päckchen Trockenhefe

Nährwerte p. P.

517 kcal
73 g Kohlenhydrate
21 g Fett
8 g Eiweiß

1 Das Weizenmehl mit dem Backpulver sowie der Trockenhefe vermengen.

2 Danach das Rapsöl, den Zucker, den Zimt und das Salz zufügen.

3 Jetzt noch die Hafermilch in das Ganze geben und alles erneut ausgiebig umrühren. Anschließend den Hefeteig gute 20 Minuten an einem warmen Ort ruhen lassen.

4 Nachdem die Hefe ausreichend Zeit hatte, sich zu entfalten, kann das Waffeleisen angestellt werden. Aus dem Waffelteig dann leckere Hefe-Waffeln zubereiten.

MANDEL-WAFFELN

4 Port.

30 Min.

Einfach

Zutaten

75 g Mandeln (gemahlen)
125 ml Sojamilch
275 g Weizenmehl
75 g Zucker
125 ml Mineralwasser
50 ml Olivenöl
1 Päckchen Vanillezucker
1 Päckchen Backpulver
1 Prise Salz

Nährwerte p. P.

550 kcal
72 g Kohlenhydrate
23 g Fett
12 g Eiweiß

1 Den Zucker mit dem Weizenmehl, der Prise Salz sowie dem Backpulver mischen.

2 Anschließend das Mineralwasser sowie die Sojamilch zugeben.

3 Jetzt die gemahlenen Mandeln, das Olivenöl und den Vanillezucker in den Teig rühren.

4 Zu guter Letzt das Waffeleisen auf Temperatur bringen und den Teig in leckere Waffeln verwandeln.

SCHOKOLADEN-WAFFELN

4 Port.

30 Min.

Einfach

Zutaten

50 g Zucker
25 ml Olivenöl
50 ml Soja-Joghurt
275 ml Sojamilch
150 g Weizenmehl
1 Päckchen Vanille-zucker
1 Päckchen Backpulver
2 Teelöffel Kakaopulver
1 Prise Salz

Nährwerte p. P.

270 kcal
44 g Kohlenhydrate
8 g Fett
6 g Eiweiß

1 Die Sojamilch mit dem Weizenmehl und dem Zucker ausgiebig verrühren.

2 Danach den Soja-Joghurt, das Backpulver sowie den Vanillezucker zugeben und alles erneut gut mischen.

3 Zum Schluss noch das Olivenöl, die Prise Salz und das Kakaopulver zugeben.

4 Jetzt das Waffeleisen einstellen und aus dem veganen Schokoladenteig leckere Waffeln zubereiten.

VOLLKORN-WAFFELN

4 Port. 30 Min. Einfach

Zutaten

200 ml Hafermilch
50 ml Agavendicksaft
200 g Vollkornmehl
50 ml Mineralwasser
1 Päckchen Backpulver
1 Päckchen Vanillezucker
1 Prise Salz

Nährwerte p. P.

252 kcal
53 g Kohlenhydrate
2 g Fett
7 g Eiweiß

1 Die Hafermilch mit dem Vollkornmehl sowie dem Backpulver gut verrühren.

2 Anschließend die Prise Salz sowie den Agavendicksaft in den Teig mischen.

3 Jetzt noch das Mineralwasser sowie den Vanillezucker zugeben und aus dem Ganzen einen glatten Teig herstellen.

4 Den Teig portionsweise in das vorgeheizte Waffeleisen geben und goldbraune Vollkorn-Waffeln backen.

ORANGEN-WAFFELN

4 Port. 30 Min. Einfach

Zutaten

50 ml Orangensaft
30 g Pflanzenöl
200 g Weizenmehl
350 g Sojamilch
2 Päckchen Vanillezucker

Nährwerte p. P.

264 kcal
43 g Kohlenhydrate
8 g Fett
5 g Eiweiß

1 Das Weizenmehl mit dem Vanillezucker sowie dem Backpulver vermengen.

2 Danach den Orangensaft, die Sojamilch sowie das Pflanzenöl in den Mehl-Mix rühren.

3 Im Anschluss das Waffeleisen auf Temperatur bringen und aus dem Teig goldbraune Waffeln backen.

BELGISCHE BANANEN-WAFFELN

4 Port.

25 Min.

Einfach

Zutaten

500 g Sojamilch
500 g Weizenmehl
4 Esslöffel Pflanzenöl
1 Päckchen Vanille-zucker
6 Esslöffel Zucker
1 Päckchen Backpulver
Einen halben Teelöffel Salz
1 Banane

Nährwerte p. P.

681 kcal
124 g Kohlenhydrate
13 g Fett
16 g Eiweiß

1 Das Weizenmehl mit dem Backpulver, dem Zucker sowie dem Vanillezucker mischen.

2 Dann das Salz, die Sojamilch sowie das Pflanzenöl einrühren.

3 Danach die Banane aus der Schale lösen und diese mit einer Gabel zerquetschen. Das Bananenmus unter den Teig rühren.

4 Zu guter Letzt den Waffelteig im vorgeheizten Waffeleisen ausbacken.

DINKEL-KÜRBIS-WAFFELN

4 Port.

20 Min.

Einfach

Zutaten

75 g Hokkaido-Kürbis
200 g Dinkel-Vollkorn-mehl
300 ml Reismilch
50 ml Pflanzenöl
2 Teelöffel Backpulver
1 Prise Zimt
3 Esslöffel Agaven-dicksaft

Nährwerte p. P.

366 kcal
51 g Kohlenhydrate
14 g Fett
7 g Eiweiß

1 Den Kürbis aus seiner Schale befreien, die Kerne entfernen und das Fruchtfleisch in kleine Stücke teilen. Dieses dann garen und im Anschluss fein pürieren.

2 Das Kürbis-Mus dann mit den übrigen Zutaten verrühren, bis das Ganze einen glatten Teig ergibt.

3 Jetzt nur noch das Waffeleisen vorheizen und aus dem Kürbisteig leckere Waffeln backen.

JOGHURT-WAFFELN

6 Port.

30 Min.

Einfach

Zutaten

1 Banane
250 g Weizenmehl
3 Esslöffel veganen Kokos-Naturjoghurt
100 ml Pflanzenöl
2 Esslöffel Dattelsirup
125 ml Hafermilch
2 Teelöffel Chiasamen
Ein halbes Päckchen Backpulver

Nährwerte p. P.

373 kcal
36 g Kohlenhydrate
23 g Fett
6 g Eiweiß

1 Das Pflanzenöl so lange mit dem Dattelsirup verrühren, bis sich beide Zutaten miteinander verbunden haben.

2 Danach die Banane aus der Schale nehmen und diese mit einer Gabel zerquetschen. Das Bananen-Mus mit dem veganen Kokosnuss-Joghurt unter das Dattelgemisch rühren.

3 Jetzt die Chiasamen in der dreifachen Menge Wasser aufquellen lassen.

4 Währenddessen das Weizenmehl mit dem Backpulver vermengen und diesen Mix unter die erste Mischung rühren.

5 Im Anschluss die Hafermilch schluckweise unter den Teig rühren. Zuletzt dann die Chiasamen unterrühren.

6 Jetzt muss nur noch das Waffeleisen vorgeheizt und der Waffelteig portionsweise ausgebacken werden.

LÜTTICHER-WAFFELN

4 Port.

80 Min.

Einfach

Zutaten

200 ml Sojadrink
100 g Pflanzenöl
100 g Hagelzucker
Einen halben Würfel Hefe
1 Päckchen Vanillezucker
175 g Weizenmehl

Nährwerte p. P.

484 kcal
59 g Kohlenhydrate
25 g Fett
6 g Eiweiß

1 Die Sojamilch kurz erwärmen, um hier die frische Hefe sowie das Vanillezucker aufzulösen.

2 Dann das Weizenmehl mit der Prise Salz vermengen. Den Sojamilch-Hefe-Mix anschließend in das Weizenmehl einrühren. Hier auch gleich das zimmerwarme Pflanzenöl zugeben.

3 Anschließend den Waffelteig abdecken und diesen für eine Dreiviertelstunde an einen warmen Ort stellen.

4 Kurz vor dem Backen der Waffeln dann noch den Hagelzucker unter den Teig heben.

HASELNUSS-WAFFELN

4 Port.

30 Min.

Einfach

Zutaten

400 g Sojamilch
200 g Haselnüsse (gemahlen)
125 g Weizenmehl
125 g Zucker
1 Teelöffel Backpulver
1 Esslöffel Apfelessig
100 g Pflanzenöl

Nährwerte p. P.

793 kcal
59 g Kohlenhydrate
55 g Fett
13 g Eiweiß

1 Das Pflanzenöl mit dem Zucker ausgiebig verrühren. Danach die Sojamilch sowie den Apfelessig dazugeben.

2 Jetzt die gemahlenen Haselnüsse mit dem Weizenmehl und dem Backpulver mischen und diesen Mix ebenfalls unter den Teig mischen.

3 Zu guter Letzt das Waffeleisen auf Temperatur bringen und aus dem veganen Haselnussteig leckere Waffeln zaubern.

BANANEN-WAFFELN

2 Port.

30 Min.

Einfach

Zutaten

1 Banane (groß)
100 g Haferflocken
200 ml Vanille-Sojamilch
2 Esslöffel Kokosnussöl

Nährwerte p. P.

315 kcal
51 g Kohlenhydrate
7 g Fett
11 g Eiweiß

1 Die Banane aus der Schale lösen und diese mit einer Gabel zu Mus zerquetschen.

2 Jetzt das Kokosnussöl zum Schmelzen bringen und dieses mit der Vanille-Sojamilch und den Haferflocken unter die Banane rühren.

3 Den Waffelteig anschließend eine Viertelstunde ruhen lassen.

4 Anschließend den Teig im vorgeheizten Waffeleisen ausbacken.

Süße Waffeln

JOGHURT-VANILLE-WAFFELN

8 Port. 20 Min. Einfach

Zutaten

200 g Naturjoghurt
75 g Weizenmehl
75 g Puderzucker
75 g Speisestärke
75 g Butter (weich)
3 Eier
1 Teelöffel Backpulver
1 Prise Salz

Nährwerte p. P.

221 kcal
26 g Kohlenhydrate
11 g Fett
4 g Eiweiß

1 Die Butter bei geringen Temperaturen zum Schmelzen bringen und kurz ein wenig abkühlen lassen.

2 Danach das Weizenmehl, den Naturjoghurt, den Puderzucker, die Speisestärke, das Backpulver, die Eier sowie die Prise Salz zur Butter geben und alles gut mischen.

3 Jetzt nur noch den Waffelteig im vorgeheizten Waffeleisen knusprig ausbacken.

ZIMT-BUTTER-WAFFELN

8 Port.

15 Min.

Einfach

Zutaten

240 ml Milch
360 g Weizenmehl
225 g Zucker
160 g Butter
4 Teelöffel Backpulver
1 Teelöffel Salz
2 Eier
Einen halben Teelöffel Muskatnuss
Etwas Zimt

Nährwerte p. P.

460 kcal
64 g Kohlenhydrate
19 g Fett
7 g Eiweiß

1 60 Gramm der Butter in einem Topf oder in der Mikrowelle zum Schmelzen bringen.

2 Die Butter anschließend mit den Eiern sowie der Milch ausgiebig verrühren.

3 Jetzt noch das Weizenmehl, das Salz, das Backpulver sowie die Muskatnuss zumischen.

4 Den Teig portionsweise im vorgeheizten Waffeleisen ausbacken.

5 Währenddessen dann noch die übrige Butter zum Schmelzen bringen und etwas Zucker mit Zimt mischen.

6 Die fertigen Waffeln dann erst in die geschmolzene Butter und anschließend in den Zimt-Zucker-Mix tunken.

BUTTERMILCH-SCHOKO-WAFFELN

 8 Port.  20 Min.  Einfach

Zutaten

260 g Weizenmehl
80 g Zucker (braun)
40 g Backkakao
380 ml Buttermilch
2 Teelöffel Backpulver
1 Teelöffel Vanilleextrakt
2 Prisen Salz
3 Eier
1 Teelöffel Natron
30 ml Sonnenblumenöl

Nährwerte p. P.

250 kcal
36 g Kohlenhydrate
8 g Fett
8 g Eiweiß

1 Die Eiweiße von den Eigelben trennen. Dann die Eiweiße in eine steife Masse schlagen.

2 Anschließend das Weizenmehl mit dem Backpulver, dem Zucker, dem Natron, dem Salz sowie dem Backkakao mischen.

3 Die Eigelbe, das Vanilleextrakt, das Sonnenblumenöl sowie die Buttermilch dann dazugeben und alles vorsichtig mischen.

4 Danach den Eischnee unterheben und das Waffeleisen vorheizen.

5 Zu guter Letzt dann aus dem Teig leckere Waffeln backen.

MARZIPAN-WAFFELN

12 Port.

30 Min.

Einfach

Zutaten

125 g Marzipanrohmasse
250 g Weizenmehl
125 g Schlagsahne
70 g Zucker
200 ml Milch
150 g Butter
4 Eier
Eineinhalb Teelöffel Backpulver
1 Prise Salz

Nährwerte p. P.

309 kcal
29 g Kohlenhydrate
18 g Fett
6 g Eiweiß

1 Die Marzipanrohmasse fein zerreiben. Danach die Butter in einem Topf oder in der Mikrowelle schmelzen.

2 Anschließend die geschmolzene Butter mit dem Marzipan, dem Salz sowie dem Zucker cremig verrühren.

3 Dann die Eier einzeln unter die Masse mischen.

4 Es folgen im Anschluss Backpulver, Weizenmehl, Schlagsahne und Milch.

5 Jetzt nur noch das Waffeleisen auf Temperatur bringen und den Waffelteig goldbraun ausbacken.

ZITRONEN-HEIDELBEER-WAFFELN

8 Port.

20 Min.

Einfach

Zutaten

225 ml Milch
250 g Weizenmehl
125 g Butter
250 g Heidelbeeren
1 Zitrone
125 g Zucker
1 Teelöffel Backpulver
1 Teelöffel Vanillezucker

Nährwerte p. P.

353 kcal
44 g Kohlenhydrate
16 g Fett
7 g Eiweiß

1 Die Heidelbeeren kurz abbrausen und danach in einem Sieb abtropfen lassen.

2 Dann die Butter in einem Topf zum Schmelzen bringen und diese anschließend mit dem Vanillezucker und dem Zucker in eine cremige Masse verwandeln.

3 Danach die Eier nach und nach untermischen und dann die Milch sowie das Weizenmehl und das Backpulver zugeben.

4 Jetzt noch die Zitrone in der Mitte teilen, den Saft auspressen und die Schale einer halben Zitrone abreiben.

5 Sowohl den Zitronensaft als auch den Zitronenabrieb sowie die Heidelbeeren unter den Waffelteig mischen.

6 Nachdem das Waffeleisen seine Temperatur erreicht hat, kann der Teig dann portionsweise ausgebacken werden.

SAHNE-WAFFELN

10 Port. 15 Min. Einfach

Zutaten

200 g Sahne
150 g Weizenmehl
300 g Butter (weich)
100 g Zucker
4 Eier
2 Teelöffel Backpulver
2 Päckchen Vanillezucker
2 Prisen Salz
100 g Speisestärke

Nährwerte p. P.

461 kcal
33 g Kohlenhydrate
34 g Fett
5 g Eiweiß

1 Die Eiweiße von den Dottern trennen. Dann die Eiweiße in eine steife Masse verwandeln.

2 Danach den Zucker mit der Butter, dem Vanillezucker sowie dem Salz mischen. Die Dotter ebenfalls in diesen Mix rühren.

3 Jetzt noch das Weizenmehl, die Sahne, die Speisestärke sowie das Backpulver zugeben und alles erneut gut verrühren.

4 Zu guter Letzt noch mit Vorsicht den Eischnee unter den Waffelteig heben.

5 Nun kann der Waffelteig portionsweise im Waffeleisen ausgebacken werden.

STRACCIATELLA-WAFFELN

8 Port.

100 Min.

Mittel

Zutaten

50 g Zartbitterschokolade
300 g Weizenmehl
8 Esslöffel Milch
2 Teelöffel Trockenhefe
1 Teelöffel Salz
4 Esslöffel Zucker
2 Eier
2 Päckchen Vanillezucker
2 Esslöffel Hagelzucker

Nährwerte p. P.

248 kcal
45 g Kohlenhydrate
4 g Fett
7 g Eiweiß

1 Die Milch mit dem Weizenmehl, der Trockenhefe, dem Vanillezucker, den Eiern, dem Zucker sowie dem Salz verrühren.

2 Danach das Ganze eine Stunde an einem warmen Ort zugedeckt ruhen lassen.

3 Die Schokolade fein zerhacken und mit dem Hagelzucker unter den Waffelteig mischen.

4 Danach den Teig erneut ruhen lassen und erst nach weiteren 30 Minuten im Waffeleisen ausbacken.

BERGISCHE WAFFELN

10 Port.

15 Min.

Einfach

Zutaten

180 ml Buttermilch
250 g Weizenmehl
2 Esslöffel Honig
75 g Zucker
125 g Butter (weich)
1 Päckchen Vanillezucker
2 Eier
Einen halben Teelöffel Backpulver
1 Prise Salz

Nährwerte p. P.

274 kcal
36 g Kohlenhydrate
11 g Fett
4 g Eiweiß

1 Die weiche Butter mit Salz, Zucker sowie Vanillezucker ausgiebig mischen.

2 Danach die Eier zugeben und das Ganze erneut ordentlich durchquirlen.

3 Jetzt noch das Weizenmehl, das Backpulver sowie die Buttermilch zugeben und alles in einen glatten Teig verwandeln.

4 Zum Schluss den Honig unterrühren und das Waffeleisen auf Temperatur bringen.

5 Im vorgeheizten Waffeleisen den Teig schön braun ausbacken.

SAHNIGE BLAUBEER-WAFFELN

8 Port. 20 Min. Einfach

Zutaten

100 g Blaubeeren
150 g Weizenmehl
150 ml Sahne
75 g Butter (weich)
60 g Zucker
1 Teelöffel Backpulver
1 Päckchen Vanillezucker
3 Eier
1 Prise Salz

Nährwerte p. P.

272 kcal
25 g Kohlenhydrate
17 g Fett
5 g Eiweiß

1 Die Blaubeeren unter Wasser säubern und zum Abtropfen erst einmal an die Seite stellen.

2 Danach die Butter in der Mikrowelle oder auf dem Herd zum Schmelzen bringen. Diese anschließend mit dem Zucker, dem Salz sowie dem Vanillezucker cremig verrühren.

3 Jetzt die Eier einzeln unter die Buttermischung mixen.

4 Zu guter Letzt dann noch das Weizenmehl, die Sahne und das Backpulver untermischen. Danach die Blaubeeren unter den Teig heben.

5 Jetzt das Waffeleisen einstellen, warten, bis dieses vorgeheizt ist, und dann den Teig portionsweise ausbacken.

JOGHURT-ERDBEER-WAFFELN

4 Port. 30 Min. Einfach

Zutaten

200 g Erdbeeren
250 g Naturjoghurt
325 g Weizenmehl
125 g Margarine
250 ml Mineralwasser
4 Eier
50 g Zucker
1 Teelöffel Backpulver
1 Päckchen Vanillezucker
1 Prise Salz

Nährwerte p. P.

404 kcal
20 g Kohlenhydrate
33 g Fett
8 g Eiweiß

1 Zuerst die Margarine mit dem Zucker und den Eiern in eine schaumige Masse verwandeln.

2 Danach das Weizenmehl, das Salz, das Mineralwasser, das Backpulver sowie den Vanillezucker zugeben und das Ganze erneut ausgiebig mischen.

3 Jetzt noch die Erdbeeren säubern, vom Grün befreien und diese in Viertelstücke teilen. Anschließend sowohl die Erdbeeren als auch den Naturjoghurt unter den Waffelteig rühren.

4 Zu guter Letzt das Waffeleisen vorheizen und leckere Waffeln in diesem zubereiten.

HONIG-WAFFELN

4 Port. 20 Min. Einfach

Zutaten

200 g Weizenmehl
3 Esslöffel Honig
100 g Margarine
50 g Zucker
1 Päckchen Vanillezucker
200 ml Milch
2 Eier
1 Teelöffel Backpulver
1 Prise Salz

Nährwerte p. P.

475 kcal
52 g Kohlenhydrate
25 g Fett
9 g Eiweiß

1 Das Weizenmehl mit den Eiern, dem Vanillezucker sowie der Margarine ausgiebig verrühren.

2 Danach die Prise Salz, den Zucker sowie das Backpulver zugeben und alles erneut mit dem Mixer mischen.

3 Jetzt noch die Milch sowie den Honig zufügen und das Ganze zum letzten Mal verquirlen.

4 Dann das Waffeleisen auf Temperatur bringen und aus dem Waffelteig leckere Honig-Waffeln backen.

LEBKUCHEN-WAFFELN

4 Port.

30 Min.

Einfach

Zutaten

200 ml Milch
275 g Weizenmehl
3 Eier
50 ml Honig
125 g Zucker
125 g Margarine
1 Esslöffel Lebkuchengewürz
1 Päckchen Backpulver
1 Päckchen Vanillezucker
1 Prise Salz

Nährwerte p. P.

595 kcal
64 g Kohlenhydrate
32 g Fett
12 g Eiweiß

1 Die Eier mit dem Zucker sowie der Margarine cremig verrühren.

2 Danach den Vanillezucker, den Honig, das Lebkuchengewürz und das Backpulver zur Eimischung geben und alles erneut verquirlen.

3 Dann das Weizenmehl, die Prise Salz sowie die Milch zufügen und das Ganze erneut mischen.

4 Danach nur noch das Waffeleisen vorheizen und aus dem Waffelteig süße Lebkuchen-Waffeln backen.

MANGO-WAFFELN

4 Port. 50 Min. Einfach

Zutaten

1 Mango
3 Eier
50 g Zucker
200 g Weizenmehl
75 g Margarine
200 ml Milch
1 Päckchen Trockenhefe
1 Päckchen Vanillezucker
1 Teelöffel Backpulver
1 Prise Salz

Nährwerte p. P.

482 kcal
60 g Kohlenhydrate
22 g Fett
10 g Eiweiß

1 Zuerst die Margarine mit der Milch, den Eiern, der Prise Salz sowie dem Weizenmehl ordentlich verrühren.

2 Danach die Schale von der Mango lösen, das Fruchtfleisch klein zerteilen und dieses dann pürieren.

3 Jetzt die Trockenhefe, das Backpulver, den Zucker sowie den Vanillezucker in die Eier-Margarinen-Masse geben und alles erneut mischen.

4 Im Anschluss das Mango-Mus unter den Waffelteig heben und das Ganze zugedeckt eine halbe Stunde ruhen lassen.

5 Nach der Ruheizeit kann der Teig im vorgeheizten Waffeleisen portionsweise ausgebacken werden.

NOUGAT-WAFFELN

4 Port.

30 Min.

Einfach

Zutaten

125 g Nuss-Nougat-Creme
100 g Haselnüsse (gehackte)
125 g Weizenmehl
125 g Margarine
3 Eier
150 ml Milch
1 Teelöffel Backpulver
1 Prise Salz
1 Päckchen Vanillezucker

Nährwerte p. P.

747 kcal
47 g Kohlenhydrate
56 g Fett
14 g Eiweiß

1 Das Backpulver mit der Margarine und dem Vanillezucker verrühren.

2 Danach die Nuss-Nougat-Creme mit dem Weizenmehl, den Eiern sowie der Milch zufügen und alles erneut gut umrühren.

3 Jetzt noch die Haselnüsse sowie die Prise Salz zugeben und den Teig noch einmal ausgiebig durchrühren.

4 Dann kann das Waffeleisen in Betrieb genommen und der Teig portionsweise knusprig ausgebacken werden.

SAND-WAFFELN

4 Port.

20 Min.

Einfach

Zutaten

50 ml Orangensaft
100 g Margarine
4 Eier
125 g Zucker
150 g Weizenmehl
1 Teelöffel Backpulver
1 Päckchen Vanillezucker
1 Prise Salz

Nährwerte p. P.

334 kcal
62 g Kohlenhydrate
6 g Fett
8 g Eiweiß

1 Den Zucker mit dem Orangensaft, dem Weizenmehl sowie den Eiern ausgiebig verrühren.

2 Danach die Margarine schmelzen und wieder abkühlen lassen. Diese dann mit dem Vanillezucker, der Prise Salz sowie dem Backpulver unter die erste Mischung rühren.

3 Jetzt das Waffeleisen auf Temperatur bringen und aus dem Teig leckere Waffeln backen.

SPEKULATIUS-WAFFELN

4 Port.

30 Min.

Einfach

Zutaten

300 ml Milch
300 g Weizenmehl
150 g Zucker
4 Eier
1 Teelöffel Spekulatiusgewürz
1 Päckchen Vanillezucker
1 Prise Salz
150 g Margarine
1 Teelöffel Backpulver

Nährwerte p. P.

805 kcal
97 g Kohlenhydrate
40 g Fett
15 g Eiweiß

1 Zuerst die Eier mit dem Zucker sowie der Margarine schaumig mixen.

2 Danach das Spekulatiusgewürz, die Prise Salz und den Vanillezucker zugeben.

3 Jetzt noch das Weizenmehl, das Backpulver und die Milch in den Mix geben und alles erneut ausgiebig mischen.

4 Der Teig kann jetzt im vorgeheizten Waffeleisen portionsweise ausgebacken werden.

Nussige Waffeln

NUSSIGE FRISCHKÄSE-WAFFELN

4 Port. 30 Min. Einfach

Zutaten

200 g Frischkäse
100 g Haselnüsse (gemahlen)
150 g Weizenmehl
150 g Zucker
4 Eier
125 ml Milch
200 g Margarine
1 Teelöffel Backpulver
1 Prise Salz
1 Päckchen Vanillezucker

Nährwerte p. P.

1038 kcal
73 g Kohlenhydrate
75 g Fett
17 g Eiweiß

1 Die Eier mit der Margarine sowie dem Zucker ausgiebig mischen.

2 Danach die Milch und den Frischkäse zugeben und alles erneut gut verrühren.

3 Jetzt noch die gemahlenen Haselnüsse, das Weizenmehl, den Vanillezucker, das Backpulver und die Prise Salz dazugeben und alles in einen glatten Teig verwandeln.

4 Zum Schluss im vorgeheizten Waffeleisen knusprige Waffeln zaubern.

KOKOSNUSS-WAFFELN

8 Port.

20 Min.

Einfach

Zutaten

1 Dose Kokosnussmilch
250 g Weizenmehl
4 Esslöffel Kokosnuss-Likör
40 g Zucker
150 Butter
30 g Kokosnussraspeln
3 Eier
1 Prise Salz
1 Teelöffel Backpulver

Nährwerte p. P.

391 kcal
31 g Kohlenhydrate
26 g Fett
6 g Eiweiß

1 Die Butter in der Mikrowelle oder in einem Topf zum Schmelzen bringen.

2 Danach die Butter mit Zucker sowie Salz cremig verrühren.

3 In diese Masse dann die Eier einrühren und anschließend das Weizenmehl mit dem Backpulver, den Kokosnussraspeln, der Kokosnussmilch sowie dem Kokosnuss-Likör zugeben.

4 Ist das Ganze zu einem glatten Teig vermischt worden, kann das Waffeleisen auf Temperatur gebracht werden.

5 Danach den Waffelteig nur noch knusprig ausbacken.

HASELNUSS-WAFFELN

10 Port.

15 Min.

Einfach

Zutaten

100 g Haselnüsse (gemahlen)
50 g Weizenmehl
200 g Butter (weich)
100 g Zucker
3 Eier
75 g Speisestärke
1 Teelöffel Backpulver

Nährwerte p. P.

327 kcal
22 g Kohlenhydrate
24 g Fett
4 g Eiweiß

1 Sämtliche Zutaten einfach in eine Schüssel geben und das Ganze mit einem Handmixer ausgiebig verrühren

2 Danach das Waffeleisen auf Temperatur bringen und den Teig goldbraun ausbacken.

MANDEL-WAFFELN

10 Port.

15 Min.

Einfach

Zutaten

50 g Mandeln (gemahlen)
175 g Butter (weich)
150 g Zucker
200 g Weizenmehl
100 ml Milch
3 Teelöffel Vanilleextrakt
4 Eier
1 Teelöffel Backpulver
1 Prise Salz

Nährwerte p. P.

329 kcal
30 g Kohlenhydrate
20 g Fett
6 g Eiweiß

1 Die weiche Butter mit Zucker, Salz sowie Vanillezucker cremig verrühren.

2 Dann die Eier einzeln in den Teig mischen.

3 Im Anschluss das Weizenmehl mit den gemahlenen Mandeln sowie dem Backpulver vermengen und auch diesen Mix unter den Teig rühren.

4 Zum Schluss noch die Milch einrühren.

5 Jetzt das Waffeleisen auf Temperatur bringen und den Teig knusprig ausbacken.

ERDNUSSBUTTER-WAFFELN

 10 Port.
 15 Min.
 Einfach

Zutaten

180 g Erdnussbutter
260 g Weizenmehl
350 ml Milch
60 g Butter (weich)
3 Teelöffel Backpulver
2 Eier
3 Esslöffel Zucker
1 Prise Salz

Nährwerte p. P.

300 kcal
27 g Kohlenhydrate
16 g Fett
9 g Eiweiß

1 Die Butter bei kleiner Hitze zum Schmelzen bringen und anschließend ein wenig abkühlen lassen.

2 Danach das Weizenmehl mit dem Backpulver und dem Zucker mischen. Den Mehl-Mix im Wechsel mit der Milch zur Butter geben.

3 Anschließend noch die Eier, die Prise Salz sowie die Erdnussbutter in den Teig mischen.

4 Jetzt das Waffeleisen anstellen und den Erdnussbutter-Waffelteig portionsweise knusprig braun ausbacken.

Spezielle Waffeln

ROTWEIN-WAFFELN

4 Port.

35 Min.

Einfach

Zutaten

150 ml Rotwein (trocken)
4 Eier
100 g Mandeln (gemahlen)
150 g Weizenmehl
125 g Zucker
2 Päckchen Vanillezucker
150 g Margarine
1 Teelöffel Zimt
2 Esslöffel Kakaopulver
1 Teelöffel Backpulver

Nährwerte p. P.

811 kcal
67 g Kohlenhydrate
50 g Fett
15 g Eiweiß

1 Zuerst einmal den Zucker, die Eier sowie den Vanillezucker schaumig verquirlen.

2 Jetzt die Margarine schmelzen und diese mit dem Backpulver, dem Zimt und dem Weizenmehl in die Eiermischung rühren.

3 Danach den Rotwein, das Kakaopulver sowie die gemahlenen Mandeln zugeben und alles erneut mischen.

4 Jetzt kann der Rotwein-Waffelteig im vorgeheizten Waffeleisen ausgebacken werden.

QUINOA-WAFFELN MIT BANANE

4 Port.

30 Min.

Einfach

Zutaten

125 g Quinoa
200 ml Kokosnussmilch
2 Eier
2 Bananen
1 Teelöffel Vanillezucker
150 g Weizenmehl
50 g Zucker
1 Teelöffel Backpulver
1 Esslöffel Salz

Nährwerte p. P.

459 kcal
64 g Kohlenhydrate
17 g Fett
11 g Eiweiß

1 Den Quinoa ausgiebig abspülen und anschließend mit 300 ml Wasser sowie einem Esslöffel Salz in einen Topf geben. Das Ganze zum Kochen bringen und dann eine Viertelstunde lediglich bei geringer Temperatur köcheln lassen. Danach die Körner abgießen.

2 Währenddessen die Bananen aus der Schale lösen und diese mit Hilfe einer Gabel zerquetschen.

3 Danach das Bananen-Mus mit den Eiern, dem Weizenmehl, der Milch, dem Zucker und dem Backpulver verrühren.

4 Jetzt den gegarten Quinoa, den Vanillezucker sowie die Kokosnussmilch zugeben und alles ein letztes Mal mischen.

5 Nun kann der Waffelteig portionsweise im Waffeleisen gebacken werden.

ORIENTALISCHE WAFFELN

4 Port.

20 Min.

Einfach

Zutaten

50 ml Orangensaft
3 Eier
1 Prise Ingwer
1 Prise Zimt
1 Prise Salz
200 g Weizenmehl
150 g Zucker
125 ml Milch
225 g Margarine
1 Päckchen Vanille-zucker
1 Päckchen Backpulver

Nährwerte p. P.

776 kcal
80 g Kohlenhydrate
46 g Fett
10 g Eiweiß

1 Den Zucker mit der Margarine sowie den Eiern cremig verrühren.

2 Anschließend das Weizenmehl, die Milch, den Vanillezucker und das Backpulver in den Eier-Mix geben.

3 Danach noch den Orangensaft sowie Zimt, Ingwer und Salz einrühren.

4 Jetzt nur noch das Waffeleisen in Betrieb nehmen und schon kann der orientalische Waffelteig ausgebacken werden.

PALEO-WAFFELN

4 Port.

20 Min.

Einfach

Zutaten

100 g Mandeln (gehackt)
2 Esslöffel Kokosnussöl
50 g Kokosnussmehl
50 ml Honig
2 Eier
100 g Heidelbeeren
125 ml Kokosnussmilch
1 Teelöffel Backpulver
1 Teelöffel Vanillezucker
1 Esslöffel Kakaopulver
1 Prise Salz

Nährwerte p. P.

372 kcal
19 g Kohlenhydrate
26 g Fett
12 g Eiweiß

1 Das Kokosnussmehl mit den Eiern, dem Honig sowie dem Backpulver vermischen.

2 Anschließend die Prise Salz, das Kokosnussöl, den Vanillezucker und die Kokosnussmilch zugeben. Alles erneut gut verrühren.

3 Jetzt die Heidelbeeren säubern und diese mit den gehackten Mandeln sowie dem Kakaopulver unter den Waffelteig mischen.

4 Nun kann das Waffeleisen vorgeheizt und der Waffelteig goldbraun ausgebacken werden.

WEISSWEIN-WAFFELN

4 Port.

20 Min.

Einfach

Zutaten

250 g Weizenmehl
250 g Zucker
50 ml Rapsöl
1 Ei
50 ml Sahne
250 ml Weißwein (trocken)
1 Päckchen Vanillezucker
1 Teelöffel Backpulver
1 Prise Salz

Nährwerte p. P.

660 kcal
110 g Kohlenhydrate
18 g Fett
8 g Eiweiß

1 Das Ei mit dem Rapsöl, dem Zucker sowie dem Vanillezucker verquirlen.

2 Danach die Sahne, das Weizenmehl und die Prise Salz in den Eier-Mix rühren.

3 Jetzt noch das Backpulver sowie den Weißwein zugeben.

4 Zu guter Letzt das Waffeleisen auf Temperatur bringen und den Teig portionsweise goldbraun backen.

OREO-WAFFELN

4 Port.

30 Min.

Einfach

Zutaten

20 Oreo-Kekse
250 g Weizenmehl
2 Eier
125 g Butter
100 g Zucker
2 Esslöffel Backkakaopulver
Ein halbes Päckchen Backpulver
Einen halben Teelöffel Salz

Nährwerte p. P.

939 kcal
123 g Kohlenhydrate
44 g Fett
13 g Eiweiß

1 Zuerst das Weizenmehl mit dem Salz, dem Zucker, dem Backkakao sowie dem Backpulver vermengen.

2 Danach die Butter schmelzen und diese mit den Eiern und der Milch zum Mehl-Mix geben.

3 Das Ganze gut durchmixen.

4 Anschließend die Oreo-Kekse grob zerdrücken und die Stücke unter den Waffelteig heben.

5 Das Waffeleisen in Betrieb nehmen und den Oreo-Waffelteig portionsweise ausbacken.

SOJAMILCH-WAFFELN

4 Port.

30 Min.

Einfach

Zutaten

400 ml Sojamilch
50 g Buchweizenmehl
80 g Margarine (weich)
50 g Zucker
Ein halbes Päckchen Backpulver

Nährwerte p. P.

274 kcal
24 g Kohlenhydrate
18 g Fett
3 g Eiweiß

1 Die weiche Margarine mit einem Mixer cremig rühren.

2 Danach das Buchweizenmehl, die Sojamilch, den Zucker sowie das Backpulver untermischen.

3 Jetzt nur noch das Waffeleisen vorheizen und den Teig portionsweise knusprig ausbacken.

FUNETTI-WAFFELN

6 Port.

30 Min.

Einfach

Zutaten

200 ml Sahne
250 g Weizenmehl
2 Eier
70 ml Pflanzenöl
2 Teelöffel Vanille-extrakt
250 ml Milch
100 g Zucker
2 Teelöffel Backpulver
250 ml Milch
150 g bunte Schoko-streusel
Einen halben Teelöffel Salz

Nährwerte p. P.

850 kcal
94 g Kohlenhydrate
46 g Fett
15 g Eiweiß

1 Das Salz mit dem Backpulver, dem Zucker sowie dem Weizenmehl vermengen.

2 Mittig in den Mehl-Mix eine Mulde drücken und hier die Eier, das Pflanzenöl und die Milch hineingeben. Dann das Ganze mit einem Handmixer gut durchmischen.

3 Jetzt noch das Vanilleextrakt sowie die bunten Schokostreusel zugeben und alles erneut verrühren.

4 Nachdem das Waffeleisen seine Temperatur erreicht hat, den Waffelteig knusprig ausbacken.

FITNESS-WAFFELN

6 Port.

30 Min.

Einfach

Zutaten

60 g Eiweißpulver (Vanille)
60 g Dinkelmehl
200 Milch (fettarm)
1 Teelöffel Backpulver
2 Eiweiß
2 Eier
2 Teelöffel Stevia (Zuckerersatz)

Nährwerte p. P.

116 kcal
9 g Kohlenhydrate
3 g Fett
14 g Eiweiß

1 Sämtliche Zutaten, abgesehen vom Eiweiß, in eine Schüssel geben und mit dem Mixer verrühren.

2 Jetzt die Eiweiße in einer anderen Schüssel in eine steife Masse verwandeln.

3 Den Eischnee anschließend unter den Waffelteig heben.

4 Jetzt das Waffeleisen auf Temperatur bringen und aus dem Teig leckere Fitness-Waffeln backen.

PROTEIN-WAFFELN

1 Port.

30 Min.

Einfach

Zutaten

100 g Magerquark
400 g Haferflocken
6 Eiweiß
2 Esslöffel Milch
2 Eier

Nährwerte p. P.

1806 kcal
245 g Kohlenhydrate
42 g Fett
101 g Eiweiß

1 Sämtliche Zutaten mit Hilfe eines Handmixers ausgiebig verrühren.

2 Sollte der Teig zu stark kleben, ein wenig mehr Milch zugießen.

3 Danach das Waffeleisen vorheizen und den Waffelteig ausbacken.

FRANZÖSISCHE WAFFELN

8 Port. 30 Min. Einfach

Zutaten

250 g Dickmilch
2 Eier
2 Esslöffel Rum
125 g Weizenmehl
50 g Zucker
Einen halben Esslöffel Zitronenabrieb
1 Prise Salz

Nährwerte p. P.

153 kcal
19 g Kohlenhydrate
5 g Fett
4 g Eiweiß

1 Die Eiweiße von den Dottern trennen.

2 Danach das Weizenmehl mit der Dickmilch ausgiebig verrühren.

3 Jetzt den Rum, die Eigelbe, den Zucker, den Zitronenabrieb sowie das Salz schaumig mixen und anschließend das Weizenmehl einrühren.

4 Die Eiweiße in eine steife Masse schlagen und den Eischnee dann unter den Waffelteig heben.

5 Das Ganze dann eine halbe Stunde ruhen lassen und erst dann den Teig im Waffeleisen ausbacken.

Bonus-Kapitel: Verschiedene Beilagen

PFLAUMEN-SAUERKIRSCH-KOMPOTT

4 Port.

20 Min.

Einfach

Zutaten

50 g Sauerkirschen (getrocknet)
385 g Pflaumen (Glas)
1 Esslöffel Speisestärke
1 Esslöffel Zitronensaft
6 g Zitronenabrieb
25 g Zucker
1 Messerspitze Muskatblüte (gemahlen)

Nährwerte p. P.

91 kcal
20 g Kohlenhydrate
1 g Fett
1 g Eiweiß

1 Die Pflaumen gut abtropfen lassen und die aufgefangene Flüssigkeit erst einmal an die Seite stellen.

2 Dann die getrockneten Sauerkirschen grob zerkleinern.

3 Jetzt 350 ml des Pflaumensafts mit dem Zitronensaft, dem Zitronenabrieb, der Speisestärke, dem Zucker sowie der gemahlenen Muskatblüte in einem Topf mischen und das Ganze zum Kochen bringen.

4 Im Anschluss die Pflaumen sowie die zerkleinerten Sauerkirschen unterheben und alles fünf weitere Minuten köcheln lassen.

KIRSCH-KOMPOTT

4 Port. 20 Min. Einfach

Zutaten

1 Päckchen Vanille-puddingpulver
350 g Sauerkirschen (Glas)

Nährwerte p. P.

115 kcal
27 g Kohlenhydrate
1 g Fett
1 g Eiweiß

1 Die Sauerkirschen samt Saft in einen Topf gießen und alles einmal aufkochen.

2 Dann das Puddingpulver einrühren und den Kirsch-Kompott eine Minute unter ständigem Rühren andicken.

SESAM-DIP

4 Port.

10 Min.

Einfach

Zutaten

3 Esslöffel Sesampaste
300 g Crème fraîche
Chiliflocken
Curry
Zucker
Pfeffer
Salz

Nährwerte p. P.

252 kcal
5 g Kohlenhydrate
24 g Fett
3 g Eiweiß

1 Die Crème fraîche mit der Sesampaste glatt rühren.

2 Das Ganze dann nach Geschmack mit den genannten Gewürzen verfeinern.

ORANGEN-HIMBEER-GRÜTZE

4 Port. 15 Min. Einfach

Zutaten

400 ml Orangensaft
1 Päckchen Vanillezucker
300 g Himbeeren (gefroren)
2 Päckchen Tortenguss (Rot)

Nährwerte p. P.

107 kcal
21 g Kohlenhydrate
1 g Fett
2 g Eiweiß

1 Die gefroren Himbeeren in ein Küchensieb füllen, damit diese auftauen können. Die Flüssigkeit auffangen.

2 Danach den Orangensaft mit dem Himbeersaft in einem Topf mischen.

3 Sowohl den Vanillezucker als auch den Tortenguss in den Saft-Mix einrühren und das Ganze einmal aufkochen.

4 Zum Schluss noch die Himbeeren unter den angedickten Saft mischen.

BRATAPFEL-KOMPOTT

6 Port.

30 Min.

Einfach

Zutaten

900 g Äpfel
50 g Zucker
125 ml Apfelsaft
50 g Rosinen
3 Esslöffel Zitronensaft
50 g Mandeln (gehobelt)
1 Päckchen Dessert Vanille-Soße (Pulver)
Einen halben Teelöffel Zimt

Nährwerte p. P.

298 kcal
48 g Kohlenhydrate
8 g Fett
7 g Eiweiß

1 In einer fettfreien Pfanne zuerst die gehobelten Mandeln rösten.

2 Danach die Äpfel von ihren Kernen sowie Schalen befreien und diese in kleine Würfel zerteilen.

3 Anschließend die Apfelwürfel mit fünf Esslöffel Apfelsaft, dem Zitronensaft sowie dem Zucker mischen und gute fünf Minuten dünsten.

4 Jetzt das Vanillesoßenpulver im übrigen Apfelsaft verrühren, bis keine Klumpen mehr vorhanden sind. Diesen Mix zu den Apfelwürfeln geben und alles einmal aufkochen.

5 Zum Schluss die Rosinen, die gerösteten Mandeln sowie den Zimt unter den Kompott rühren.

JOGHURT-SCHNITTLAUCH-DIP

4 Port.

15 Min.

Einfach

Zutaten

125 g Crème fraîche
250 g Naturjoghurt
1 Bund Schnittlauch
1 Teelöffel Zucker
1 Teelöffel Zitronensaft
Salz

Nährwerte p. P.

120 kcal
6 g Kohlenhydrate
10 g Fett
3 g Eiweiß

1 Den Schnittlauch in feine Ringe zerteilen.

2 Danach den Naturjoghurt mit der Crème fraîche verrühren.

3 Jetzt den Zucker, den Zitronensaft sowie den Schnittlauch untermischen und den Dip mit Salz verfeinern.

TOMATEN-KONFITÜRE

4 Port. 20 Min. Einfach

Zutaten

1 Esslöffel Olivenöl
400 g Tomaten
Eine Handvoll Basilikum (frisch)
1 Zwiebel
3 Esslöffel Zucker (braun)
Pfeffer
Salz

Nährwerte p. P.

121 kcal
18 g Kohlenhydrate
4 g Fett
2 g Eiweiß

1 Die Zwiebel aus ihrer Schale lösen und diese dann in feine Würfel zerteilen.

2 Danach die Tomaten kurz abbrausen, das Grün entfernen und diese ebenfalls würfeln.

3 Jetzt das Olivenöl in einer Pfanne erhitzen und die Zwiebelwürfel dünsten.

4 Anschließend den Zucker zum Karamellisieren einrühren und danach die Tomaten zufügen.

5 Das Ganze unter ständigem Rühren ungefähr eine Viertelstunde köcheln lassen.

6 Nach der Garzeit den Tomaten-Mix abkühlen lassen.

7 Währenddessen das Basilikum fein zerhacken. Dieses unter den kalten Tomaten-Mix mischen und anschließend alles pürieren.

8 Zu guter Letzt die Tomaten-Konfitüre mit Pfeffer sowie Salz verfeinern.

BASILIKUM-AVOCADO-DIP

4 Port.

20 Min.

Einfach

Zutaten

1 Bund Basilikum (frisch)
1 Avocado
4 Esslöffel Naturjoghurt
10 Esslöffel Wasser
4 Esslöffel Olivenöl
2 Limetten
Pfeffer
Salz

Nährwerte p. P.

286 kcal
6 g Kohlenhydrate
27 g Fett
3 g Eiweiß

1 Zuerst die Limetten auspressen und den Saft auffangen.

2 Danach die Avocado aus ihrer Schale lösen, den Kern entfernen und das Fruchtfleisch pürieren.

3 Das Basilikum kurz abbrausen, trocknen und fein zerhacken. Dieses dann mit dem Zitronensaft, dem Naturjoghurt, dem Wasser sowie dem Olivenöl in das Avocado-Mus mischen.

4 Zu guter Letzt alles mit Pfeffer und Salz geschmacklich verfeinern.

KLASSISCHE ROTE GRÜTZE

4 Port.

15 Min.

Einfach

Zutaten

500 g gemischte Beeren (gefroren)
2 Esslöffel Zucker
250 ml Kirschnektar
1 Esslöffel Speisestärke

Nährwerte p. P.

121 kcal
26 g Kohlenhydrate
0 g Fett
1 g Eiweiß

1 Die gemischten Beeren zum Auftauen in ein Küchensieb geben. Große Früchte eventuell zerteilen.

2 Danach die Speisestärke in 5 Esslöffel Kirschnektar verrühren, bis sich keine Klumpen mehr zeigen.

3 Den übrigen Kirschnektar mit dem Zucker in einen Topf geben und erhitzen, bis es kocht.

4 Jetzt unter ständigem Rühren die Speisestärke-Lösung zugeben und alles weitere zwei Minuten kochen lassen.

5 Zum Schluss noch die gemischten Beeren untermischen.

ERDBEER-SAHNE

4 Port.

15 Min.

Einfach

Zutaten

200 g Sahne
250 g Erdbeeren
30 g Zucker
1 Tüte Gelatine

Nährwerte p. P.

234 kcal
14 g Kohlenhydrate
18 g Fett
4 g Eiweiß

1 Die Erdbeeren säubern, das Grün entfernen und diese anschließend fein pürieren.

2 Das Erdbeer-Püree jetzt mit dem Zucker mischen.

3 Danach die Sahne mit der Gelatine in eine steife Masse verwandeln.

4 Zum Schluss noch das Erdbeer-Püree vorsichtig unter die steife Sahne heben und die Erdbeer-Sahne erst einmal kaltstellen.

PUNSCH-KIRSCHEN

6 Port.

20 Min.

Einfach

Zutaten

375 ml Sauerkirschen (Glas)
100 ml Rotwein (trocken)
1 Orange
1 Stange Zimt
1 Sternanis
2 Esslöffel Zucker
1 Esslöffel Speisestärke

Nährwerte p. P.

165 kcal
39 g Kohlenhydrate
1 g Fett
0 g Eiweiß

1 Die Sauerkirschen abtropfen lassen und dabei den Saft auffangen.

2 Danach die Orange teilen und die eine Hälfte auspressen. Die andere Hälfte hingegen in Scheiben zerteilen.

3 Dann drei Esslöffel des aufgefangenen Kirschsafts mit der Speisestärke verrühren, bis das Ganze klumpenfrei ist.

4 Im Anschluss den übrigen Kirschsaft mit dem Orangensaft sowie dem Rotwein in einem Topf mischen. Hier auch gleich die Orangenscheiben, den Sternanis, die Zimtstange und den Zucker hineingeben.

5 Das Ganze erwärmen, bis es köchelt. Nach zehn Minuten die Kirschen untermischen.

6 Jetzt die Punsch-Kirschen zum Kochen bringen und die Speisestärke-Lösung einrühren.